Riesling

Sabine Rumrich/Ingo Swoboda

Riesling

Die Rebsorte und ihre Weine

Inhalt

DE BORTOLI
Windy Peak
VICTORIAN
RHINE RIESLING

Schon in früheren Jahrhunderten rissen sich Weintrinker in aller Welt um feinste, lagerfähige Rieslinge aus deutschen Anbaugebieten. Und auch heute werden die besten Rieslinge von Weinliebhabern weltweit in den Kellern eingelagert.

Geschmackserlebnis Riesling

Riesling gilt als die feinste Weißweinsorte der Welt und zugleich als die am meisten unterschätzte. In diesem Kapitel erfahren Sie, wo die Rebe überall angebaut wird, wo sie die besten Resultate liefert und welche Aromenvielfalt sie bieten kann.

Die Königin unter den Weißweinsorten

Die vielen Namen des echten Rieslings
Weißer Riesling, Weißer Rieser, Moselriesling, Rieslinger, Rössling, Rheingauer, Hochheimer, Klingelberger, Kleinriesling, Gewürztraube, Pfefferl, White Riesling, Gentil Aromatique, Petracine (beides Frankreich), Rheinriesling (Österreich), Riesling Renano bianco, Reno (beides Italien), Graschevina (Kroatien), Starowetski (Slowenien), Ryzlink rynsky (Slowakei, Tschechien), Rajnai Rizling (Ungarn), Johannisberg (USA)

Unter Kennern ist man sich einig. Riesling ist die Königin unter den Weißweinreben. Und wie es sich nun einmal für eine Majestät in unseren Zeiten schickt, verfügt sie nicht nur über einen Kleiderschrank, der vom T-Shirt bis zum edlen Zwirn keine Wünsche offen lässt. Sie verfügt auch über die Fähigkeit, sich der jeweiligen Situation anzupassen, ohne sich dabei jemals anbiedern zu müssen. Mit rustikalem Charme in Form eines knochentrockenen Literweins wirkt sie bei Bedarf ebenso überzeugend wie auf einer High-Society-Party, wo sie als elegantes edelsüßes Gewächs im Mittelpunkt steht und von allen umschwärmt wird. Natürlich ist sie auch »gut bürgerlich« sehr geschätzt, ob im Gewand eines leichten Kabinett oder einer gediegenen Spätlese. Mal zeigt sie sich von der jungen, spritzigen Seite, mal gereift und andachtsvoll, dann wieder mit verführerischer Süße, immer jedoch mit einem subtilen Charakter. Eine Königin zum Anfassen. Umso erstaunlicher, dass sie von vielen missverstanden, ja sogar völlig ignoriert wird.

Riesling im Wandel des Geschmacks

Die Gründe dafür liegen zum größten Teil in der Vergangenheit. Im 18. Jahrhundert waren fast alle besseren Weinbergslagen hierzulande mit Riesling bepflanzt. Die Qualität war hoch und die anspruchsvolleren Weintrinker in der ganzen Welt rissen sich um die Gewächse

Bernkastel an der Mosel ist noch heute ein bedeutendes Riesling-Städtchen.

von der Mosel und aus dem Rheingau. Ende des 19. und Anfang des 20. Jahrhunderts war Riesling aus Deutschland mindestens ebenso teuer wie die größten Rotweine Frankreichs. Die Gewächse waren zum Großteil trocken, langlebig und intensiv, und Kenner schätzten sie auch wegen ihrer Fähigkeit, sich durch die Kombination von Extrakt und Säure teils noch jahrzehntelang in der Flasche weiterzuentwickeln und in jedem Stadium hohen Genuss zu bieten. Noch in den 1960er-Jahren rühmten Spitzenköche wie Fachjournalisten Riesling als edelste weiße Sorte.
Dann allerdings wandelte sich der Publikumsgeschmack, auf einmal waren liebliche Weine gefragt. Durch (erlaubte) kellertechnische Tricks wurde vor allem Riesling daran gehindert, trocken auszugären, oder man reicherte ihn mit Süßreserve an, um die Nachfrage nach lieblichen Weinen zu befriedigen. Im Verlauf der 1970er-Jahre jedoch kam es nicht nur in Deutschland erneut zu einer Änderung der Weinvorlieben. Trocken wurde plötzlich wieder zum Modehit.

Traditions-Rieslinggüter, die heute in aller Welt berühmt sind: Robert Weil (oben) und Gunderloch (unten).

Folgenreiche Trendwende

Da zugleich auch die Nachfrage stieg, wurden neue Flächen in ungeeigneten Lagen angelegt. Viele Winzer verfuhren außerdem nach dem Motto, Geld könne man nicht durch Qualität, sondern nur durch Quantität machen.
Ein folgenschwerer Irrtum. Statt minimaler Durchschnittserträge von weniger als 20 Hektoliter pro Hektar Anbaufläche, wie sie in den goldenen Zeiten früherer Rieslingkonjunktur üblich waren, erntete man nun bis zum Siebenfachen. Die daraus gewonnenen Weine waren in der Mehrzahl dünn und säuerlich, was die Konsumenten dazu brachte, sich nach besseren Alternativen umzusehen. Die beste schien französischer Chardonnay zu sein, vor allem Chablis aus Burgund, der zu hundert Prozent aus dieser Traube gewonnen wird, entwickelte sich zum absoluten Renner in trendbewussten Kreisen. Da Chardonnay im Gegensatz zu Riesling die Eigenschaft besitzt, in fast allen Weinbaugebieten der Welt zumindest gut heranzureifen, pflanzten Winzer in allen Regionen seit Beginn der 1980er-Jahre die französische Sorte in ihren Weinbergen an – in Deutschland wurde der Ausbau von Chardonnay jedoch erst im Jahr 1991 gesetzlich zugelassen. Heraus kamen und kommen selbst bei einfachen Qualitäten stets weiche, unkompliziert zu trinkende Weine mit dezent süßem Geschmack, genau das, was sich der Durchschnittskonsument heute von einem Weißwein erhofft.

Rund um die Stadt Würzburg – im Bild die Wallfahrtskirche »Käppele« von Balthasar Neumann – liegen viele Winzerorte, in denen Riesling seit langer Zeit beheimatet ist.

Europäische Länder mit Riesling-Anbau
Bulgarien, Italien, Frankreich, Kroatien, Luxemburg, Österreich, Rumänien, Russland, Schweiz, Slowenien, Spanien, Tschechien, Ukraine, Ungarn

Eindrucksvolles Comeback

Seit einigen Jahren hält Riesling wieder dagegen und hat sich besonders in der internationalen Presse seinen Ruf als Kultwein zurückerobert. Von Berlin bis Paris, von London bis New York und von Sydney bis Tokio lassen sich längst nicht mehr nur Insider von der facettenreichen Königin der Weißweine verführen. Einer der Hauptgründe dafür liegt in der Verbesserung der Qualität im Weinberg wie im behutsamen Ausbau im Keller. Ehrgeizige Riesling-Spezialisten aus Europa und Übersee konzentrierten sich auf den Anbau der Rebsorte in besten Lagen und reduzierten den Ertrag auf ein dem Riesling standesgemäßes Niveau von unter 70 Hektoliter pro Hektar. Bei den besten trockenen Qualitäten sind es noch weitaus weniger, bei edelsüßen Spitzenweinen gar oft nur ein paar Hektoliter. Wenn gute Traubenqualität geerntet wird, muss man bei Riesling im Keller nicht mehr allzu viele Kunststücke machen. Es ist meist ausreichend, den Gärverlauf sorgfältig zu beobachten und den Wein möglichst schonend zu klären, bevor man ihn später in die Flaschen füllt. Derartige Umsicht belohnt Riesling mit einer Fülle von Aromen, die ihn nun endlich wieder an die Spitze der Wertschätzungsskala bringt.

Der 50. Breitengrad läuft durch die Weinberge von Schloss Johannisberg, auf denen bereits um 800 die ersten Reben wuchsen.

Erstaunliche Aromenvielfalt

Einmal um die halbe Welt und immer wieder Riesling: Von Deutschland nach Neuseeland – im Bild das neuseeländische Anbaugebiet Marlborough.

Die Bandbreite der Fruchtaromen reicht speziell bei trockenen Gewächsen von Apfel- und Zitrusanklängen, zum Beispiel Grapefruit, über Birne, Pfirsich und Aprikose. Bei halbtrockenen und edelsüßen Weinen können sich dazu noch diverse Töne wie Ananas, Mirabelle, Mandarine, Feige, Dattel, Quitte, Rosine und andere Trockenfrüchte, Stachelbeere, Brombeere, Melone, speziell Honigmelone, schwarze Johannisbeeren, Passionsfrucht oder Maracuja entwickeln.

Doch es sind nicht allein die fruchtigen Noten, die Riesling zu einem wunderbaren Geruchs- und Geschmackserlebnis verhelfen. Es sind außerdem in vielen Weinen feingliedrige Spuren von Minze, Zitronenmelisse und Zimt, sogar Kastanie, Mandel, Walnuss oder Haselnuss, Honig und Marzipan, Karamell, Rosenholz, Heu, Wildkräuter und blumige Nuancen enthalten, die die Nase vibrieren lassen und die Zunge streicheln. Dazu sind mineralische Noten, besonders Schieferduft, aber auch Feuerstein und Kiesel, manchmal selbst zarte Räuchernoten zu spüren.

Beim allerdings sehr seltenen Ausbau von Riesling-Weinen in Barriques sind gelegentlich auch Banane, Kokosnuss und Vanille sowie Eichenholznoten vorzufinden.

Im Alter dagegen weist Riesling eine weitere charakteristische Note auf, die allgemein als Petrolton bezeichnet wird und die entfernt nach Bitterschokolade und Heizöl riecht, aber natürlich nicht danach schmeckt. Ein Aroma, das von Kennern übrigens sehr geschätzt wird. Kein Wunder, dass diese unglaublich anmutende Vielfalt verschiedenster Düfte und Geschmackseindrücke die Sinne der Genießer überall auf der Welt wieder im Sturm erobert hat.

Das Wein-Aromarad

Das Aromarad ist ein praktischer Wegweiser durch das Labyrinth der Aromen und Düfte. Es zeigt übersichtlich Dutzende verschiedener Aromen, mit denen man ohne Fachchinesisch die Geruchs- und Geschmackseindrücke beschreiben kann. Das Aromarad kann man gegen eine geringe Gebühr beim Deutschen Weininstitut in Mainz bestellen, Telefon 0 61 31/28 29 28.

Weltweiter Anbau

Außereuropäische Länder mit Riesling-Anbau

- Argentinien
- Australien
- Chile
- Kanada
- Neuseeland
- Südafrika
- USA

Längst haben Winzer aus beinahe allen Weinbauländern der Welt die Vorzüge des edlen Gewächses schätzen gelernt. Die klassische Riesling-Nation ist jedoch nach wie vor Deutschland. Hier stehen mit rund 23 000 Hektar etwa die Hälfte der weltweiten Anbaufläche.
Nirgendwo sonst weist die Rebe eine breitere Aromen- und Geschmacksvielfalt auf. Die Palette der Weine reicht vom leichten Mosel-Saar-Ruwer mit teilweise weniger als 9 Prozent Alkohol über spritzige, frische Rieslinge aus Rheinhessen und von der Nahe, kräftige und dennoch feine Rheingauer bis hin zu vollduftigen, fülligen Pfälzern oder erdigen Franken und Württembergern. Die größte Rebfläche innerhalb Deutschlands nimmt Riesling in der Region Mosel-Saar-Ruwer ein, gefolgt von der Pfalz, Rheingau und Württemberg. In manchen Bezirken Badens wird er übrigens unter dem Namen Klingelberger geführt.
In Österreich wird Riesling auf etwa 1100 Hektar, vor allem in der Wachau, im Kamptal und im Kremstal angebaut. Hier erreicht er auch das bei weitem größte Qualitätspotenzial in der Alpenrepublik. Auf den Etiketten stehen die Begriffe Riesling, Rheinriesling oder Weißer Riesling.
Fast dreimal mehr Riesling wächst in Frankreich, und zwar praktisch ausnahmslos im Elsass. Die dortigen Winzer streben beim Ausbau allerdings mehr Kraft und Wucht an, weniger die in Deutschland übliche Eleganz und Frucht.
Das Reich des Rieslings erstreckt sich bis Russland, wo man allerdings nur Vermutungen über die derzeitige Anbaufläche anstellen kann. Man findet ihn weiterhin in Luxemburg, wo rund 10 Prozent der Weinberge mit dieser Sorte bepflanzt sind, sowie in der Schweiz, in Norditalien, Slowenien, Kroatien, Tschechien, Ungarn, Rumänien, Bulgarien und der Ukraine, wo Riesling jedoch nur sehr kleine Anbauflächen zur Verfügung stehen. Selbst in Spanien stehen einige Weinberge mit der begehrten Sorte im Ertrag.
Dagegen ist Australien mit seinen knapp 4000 Hektar umfassenden Riesling-Flächen beinahe ein Riese. In South Australia und New South Wales etwa beschäftigten sich schon seit 1850 etliche Winzer mit der noblen Weißweinrebe und seit ein paar Jahren ist beinahe ein Anbau-Boom zu verzeichnen. Die besten Gewächse lassen sich dank ihrer Eleganz und Konzentration gar mit den Spitzenweinen Europas vergleichen.
Etwas anders verhält es sich derzeit noch in Neuseeland. Von den 750 Hektar Anbaufläche kommen vorwiegend Erzeugnisse, die in den Spitzenkategorien mit Finesse und Vielfalt überzeugen.

In Südafrika zählt Riesling zwar zu den Exoten, doch sind damit mittlerweile über 1000 Hektar bestockt. Die Ergebnisse sind noch sehr unterschiedlich, ähnlich wie in Südamerika, das Riesling gerade einmal 1300 Hektar einräumt.

Dagegen verschreiben sich Nordamerika, vor allem in New York State oder Kalifornien, wo er auch unter der Bezeichnung Johannisberg Riesling bekannt ist, und die nördlich gelegenen US-Staaten Oregon und Washington sowie Kanada, langsam aber kontinuierlich dem Anbau des deutschen Klassikers. Derzeit kann Riesling dort auf knapp 2000 Hektar Anbaufläche zeigen, welche Qualitäten er der Weinwelt zu bieten hat.

Entlang des Rheins findet Riesling in Rheinhessen beste Wachstumsbedingungen. Der »Rote Hang« bei Nierstein zählt zu den berühmtesten Lagen.

Wenig verwunderlich also, dass man weltweit von einer Renaissance dieser wahrhaft edlen Rebsorte spricht und für die besten trockenen und vor allem die hochwertigsten edelsüßen Qualitäten erstaunlich hohe Preise bezahlt.
Aber Vorsicht: Nicht jeder als Riesling bezeichnete Wein ist wirklich ein Riesling: Keine echten Vertreter dieser Sorte sind der Goldriesling, Grey Riesling, Welschriesling, Schwarzriesling, Emeraldriesling oder der Olaszriesling. Daraus können zwar ebenfalls gute Weine bereitet werden, aber an die Qualität und Eleganz eines echten Rieslings kommen diese Varianten bei weitem nicht heran.

Es ist wie bei jeder Rebsorte: Ohne Pflege geht es nicht. Und die muss bereits im Weinberg beginnen, denn nur dann kann feinstes Traubengut geerntet werden. So werden im Winter beispielsweise rund 90 Prozent der alten Fruchtruten entfernt, um den späteren Ertrag zu reduzieren.

Eine Rebsorte stellt sich vor

In diesem Kapitel geht es um Herkunft und Geschichte des Rieslings und die Frage, welche Faktoren für die Qualität der Rebsorte wichtig sind. Außerdem lernen Sie die Vielfalt der Riesling-Weine kennen, vom einfachen Qualitätswein bis zum raren Eiswein, und wie sie im Keller ausgebaut werden.

Eine Rebsorte mit Geschichte

In Kloster Eberbach im Rheingau verhalfen Mönche der Rieslingtraube zu ihrem glanzvollen Siegeszug.

Die Herkunft der Rebe ist ungewiss: Einige glauben im Riesling eine bereits beim römischen Schriftsteller Plinius genannte Sorte zu erkennen, andere Wissenschaftler meinen, dass König Ludwig der Deutsche (843–876) die Rebe aus dem Dunkel der Geschichte am Rhein pflanzen ließ, und wieder andere Experten sehen im Riesling die Variation einer germanischen Wildrebe mit dem zungenbrecherischen Namen Vitis Vinifera Varsylvestris. Auch der Ursprung des Namens bleibt unklar. Vermutlich stammt er aus dem 15. Jahrhundert und könnte sowohl von Rußling (Rus = dunkles Holz) wie auch von Rissling (rissig = reißen) abgeleitet sein.
Urkundlich datieren die ersten Erwähnungen in die Jahre 1430 und 1455. Der erste reinsortige Rieslingweinberg in der Gegend von Worms wurde gar erst 1490 schriftlich erwähnt. Doch dürfte Riesling in Teilen Mitteleuropas bereits vorher bekannt gewesen sein. So trägt eine der ältesten Lagen im österreichischen Weißenkirchen seit dem 13. Jahrhundert den Namen Ritzling.

Der Durchbruch

Einer der ersten Weinbaubetriebe, die Riesling zu seinem erstaunlichen Siegeszug verhalfen, war das Kloster Eberbach im Rheingau. Dort ersetzte man im Laufe des 15. Jahrhunderts die bis dahin vorherrschenden roten Rebstöcke durch weiße. Offenbar hatten die Mönche des Klosters Probleme, sich mit ihren Erzeugnissen auf dem Weinmarkt in Köln gegen die französischen Rotweine durchzusetzen. Den Ausweg sah man im Angebot eines überzeugenden, gebietstypischen Weißweins.

Im 18. Jahrhundert wurde Schloss Johannisberg im Rheingau nach seiner Zerstörung wieder aufgebaut und auch die Weinberge wurden neu bepflanzt – mit Riesling.

Doch es sollte noch einige Zeit vergehen, bis man die vielschichtigen Qualitäten der Rebsorte erkannte. Zu Beginn des 17. Jahrhunderts setzte ein wahrer Run auf Riesling ein: So verfügte das Mainzer St. Stephanstift im Jahr 1601, dass alle freien oder auszurodenden Flächen seiner Weinberge in Schierstein mit Riesling zu bepflanzen seien. Das Mainzer St. Klarakloster ließ 1672 auf seinen Geisenheimer Gütern Rotweinreben durch Riesling ersetzen. Der Anbau des bis dahin beliebten weißen Elblings wurde untersagt. Der endgültige Durchbruch auf breiter Front gelang Riesling schließlich, als die Fürstabtei Fulda im Jahr 1716 das durch den Krieg zerstörte Kloster Johannisberg kaufte und auf den Trümmern das heutige Schloss erbaute. In den darauf folgenden fünf Jahren wurden auch die Weinberge neu angelegt. 1803 konnte der letzte Kellermeister der Abtei, der Benediktinerpater Otto Staab, vermelden: »In dem ganzen Rheingau darf keine andere Traubensorte zur Verfertigung der Weine gepflanzt werden, als nur Rüßlinge.«

Bestockte Rebfläche
Weltweit sind heute etwa 45 000 Hektar Rebfläche mit Riesling bestockt, mit knapp der Hälfte davon gilt Deutschland als Riesling-Land Nummer eins.

Reblaus, Mehltau und die Folgen

In der zweiten Hälfte des 19. Jahrhunderts begann allerdings eine schwierige Phase für den Riesling. Infolge von Degenerationserscheinungen der alten Rebstöcke ging der Ertrag kontinuierlich bis auf 12 Liter je Hektar zurück. Außerdem kam es zu mehreren bedauerlichen Missernten. Riesling erwies sich nämlich, ebenso wie die anderen europäischen Rebsorten, als nicht resistent gegenüber dem Schädling Reblaus und der Blattkrankheit Mehltau, die beide aus Amerika eingeschleppt wurden.

Das Auftreten dieser gefürchteten Krankheiten führte 1872 zur Gründung der weltweit renommierten Lehr- und Forschungsanstalt für Weinbau in Geisenheim im Rheingau. Hier gelang es in mehrjähriger Forschungsarbeit, reblausresistente Unterlagssorten amerikanischer Herkunft zu züchten, auf welche Edelreiser aus deutschen Riesling-Beständen gepfropft wurden. Eine Ertragssteigerung erreichte man durch Züchtungsvarianten, so genannte Riesling-Klone, also durch Einzelstockvermehrung besonders ertragreicher Pflanzen.

Die Typizität der Rebsorte

Heute existieren rund 90 Klone weltweit, die jeweils unterschiedliche Eigenschaften besitzen. Somit kann sich der Winzer die Variante heraussuchen, die sich eignet für seine Klimaregion und seinen Boden. Allerdings sind die Unterschiede nur im Anbau von Bedeutung. Im Endresultat dagegen sind sie minimal, Riesling behält stets seine typischen Merkmale.

Dazu gehört auch die Säure, die von gut eingebunden bis knackig-erfrischend und im schlechten Fall fast aggressiv-säuerlich sein kann. Die Säure ist das Rückgrat des Rieslings und verleiht diesem Wein seine unnachahmlich filigrane und interessante Struktur, die viele Jahre lang erhalten bleibt. Nur ein Weißwein mit einer ausreichenden Fruchtsäure hat die Substanz, über Jahre hinweg zu reifen. Dabei baut sich die Säure langsam ab und der Wein wird entsprechend weicher. Ein guter Riesling schmeckt niemals sauer, nur geringe Weine aus schlechten Lagen bringen außer einer hervorstechenden Säure wenig auf die Zunge.

Ein Tipp: Wer auf Säure empfindlich reagiert, sollte entweder auf reifere Weine zurückgreifen, da sich die Säure im Laufe der Jahre etwas zurückbildet, oder auf Gewächse aus südlich gelegenen, von der Sonne verwöhnten Regionen. In Deutschland also etwa auf Weine aus Baden oder Württemberg oder auf Übersee-Rieslinge, die stets weniger Säure besitzen als ihre europäischen Kollegen. Wer auf einen Riesling mit knackiger Säure nicht verzichten möchte oder einen reizempfindlichen Magen hat, sollte dazu oder kurz danach Mineralwasser mit einem hohen Hydrogencarbonatgehalt trinken. Dadurch wird die Säure im Magen auf ein erträgliches Maß abgepuffert.

Geschmacksempfinden

Bei Riesling hängt das Empfinden der Süße nicht nur vom enthaltenen Restzucker ab, sondern hauptsächlich vom Verhältnis zwischen Süße und Säure. Daher kann ein halbtrockener Wein durchaus trocken wirken.

Vielfältig wie die Färbung der Riesling-Rebe sind die einzelnen Riesling-Klone.

Ansprüche an Lage und Boden

Von allen Sorten wächst Riesling widerstandsfähig und robust wie kaum eine andere, gleichzeitig stellt sie höchste Ansprüche an die Lage. Nur wenn ausreichend Wärme vorhanden ist, erreichen die Trauben ihre Vollreife, allerdings darf es auch nicht zu heiß sein. Riesling lässt sich in Deutschland, Österreich oder im Elsass nur in besten Südwest- bis Südostlagen anbauen. Südwestlagen sind höherwertiger als Südostlagen, da sie durch leichte Drehung nach Westen mehr von der warmen Nachmittags- und Abendsonne einfangen. Karger Untergrund ist für die Traube optimal. Leicht erwärmbare Gesteinsböden wie Schiefer liebt sie besonders.

Riesling benötigt viel Zeit, um sich optimal zu entwickeln. Vielerorts wird die Traube erst Ende Oktober bis Mitte November gelesen, für Süßweine dauert die Reifezeit noch länger. Durch die lange Reifezeit erhalten die Riesling-Weine ihren typischen Charakter. In den wärmeren Regionen dagegen sind Temperaturen und Strahlungsintensität oft eher zu hoch, und dadurch bedingt ist die Reifezeit zu kurz. So können sich die Feinheiten in Fruchtsäure und Aromen nicht wie in klimatisch ausgeglicheneren Weinbaugebieten entwickeln. Bei zu großer Hitze und zu kurzer Reifezeit verliert Riesling seine viel gerühmte und hoch geschätzte Eleganz.

Die Merkmale des Rieslings

Triebspitze offen, gelblich grün, stark weißlich behaart mit leicht rötlichem Anflug. Blatt mittelgroß, rundlich, fünflappig, wenig gebuchtet, stumpf gezähnt. Holz hellbraun, dunkel punktiert, leicht gerieft. Traube klein bis mittelgroß. Beere klein bis mittelgroß, rund, grüngelb, bei Besonnung auch gelbbraun, schwarz punktiert. Austrieb mittelspät bis spät. Blütezeitpunkt spät bis sehr spät. Blühfestigkeit mittel. Reife spät bis sehr spät. Wuchs kräftig. Ertrag mittel. Holzreife sehr gut.

Unter optimalen Bedingungen kann ein Riesling-Rebstock bis zu 70 Jahre Früchte tragen.

Die zarte Rebe stellt höchste Ansprüche an den Standort.

Weinige Vielfalt

Riesling kann die gesamte Bandbreite an Qualitäten aufweisen, vom einfachen Tafelwein über eine anspruchsvolle Spätlese bis zum hochkarätigen, nahezu endlos haltbaren edelsüßen Spitzenwein der Qualitätsstufen Beerenauslese, Trockenbeerenauslese und Eiswein. Er kann mit feiner Herbe imponieren, ebenso aber mit ausgeprägter Frucht und Süße. Am häufigsten wird er als leichter, trockener Qualitäts- oder Kabinettwein angeboten, gefolgt von Spät- und Auslesen. Es ist übrigens ein altes und sich hartnäckig behauptendes Vorurteil, dass Spät- und Auslesen immer deutliche Restsüße aufweisen. Bei einem geringen Ertrag und ausgereiftem, völlig gesundem Lesegut können trockene, kraftvolle Weine mit lebendiger Frische entstehen. Ein großer trockener Riesling, wie man ihn hauptsächlich in Mitteleuropa finden kann, ist bereits jung ein überzeugender Genuss, lässt sich aber je nach Jahrgang auch problemlos zwischen sieben und fünfzehn Jahren lagern. Der Alkoholgehalt liegt bei den besten Gewächsen zwischen 12,5 und 13,5 Volumenprozent.

Geschmacksangaben auf deutschen Etiketten
Trocken bedeutet, dass der Wein höchstens eine Restsüße von 9 Gramm pro Liter aufweisen darf. Ausnahme: In Franken dürfen sich nur Weine mit einem Restzuckergehalt von 4 Gramm trocken nennen. Halbtrocken sind Weine mit einer Restsüße von maximal 18 Gramm pro Liter. Steht auf dem Etikett keine Bezeichnung, handelt es sich um einen lieblichen Wein.

Weine mit Restsüße

In diese Kategorie fallen alle halbtrockenen Rieslinge bis zur Auslese und alle lieblichen Weine bis zur Spätlese. Im halbtrockenen Bereich als Solisten besonders interessant sind die Kabinettweine mit ihrer ungewöhnlichen Leichtigkeit: Der Alkoholgehalt beträgt hier oft nur zwischen 8,5 und 10 Volumenprozent, in Verbindung mit zartem Duft und einem eleganten Süße-Säure-Spiel.
Liebliche Weine sind besonders bei warmen Temperaturen eine köstliche, fruchtige Erfrischung, speziell wenn sie einen sehr niedrigen Alkoholgehalt aufweisen, der bei sieben Volumenprozent liegen kann. Halbtrockene leichte Weine eignen sich vor allem als Terrassenwein oder als Aperitif. Ab der Kategorie Spätlese ergänzen sie hervorragend die asiatische und euro-asiatische Küche.

Edelsüße Spezialitäten

Die am wenigsten verbreiteten, doch bekanntesten Versionen des Rieslings sind die edelsüßen Varianten, die nach Auslese, Beerenauslese, Trockenbeerenauslese und Eiswein untergliedert sind. Ihre Stärke sind enorme Frucht, Vielschichtigkeit, exzellente Süße gepaart mit lebendiger Säure. Im Vergleich zu den meisten anderen Süßweinen der Welt kommt Riesling mit sehr niedrigem Alkoholgehalt, manchmal nur 6,5 Volumenprozent, und ohne Barriqueausbau aus.

Rebsortenrein oder Cuvée?

Die Anlage eines solchen Barriquekellers kostet ein kleines Vermögen, das sich nicht jeder Winzer leisten kann. Die rund 225 Liter fassenden Eichenfässer werden aus französischem, amerikanischem, aber auch aus osteuropäischem oder sogar deutschem Holz gezimmert und bestimmen den Charakter des Weins maßgeblich.

Teamarbeit ist wichtig, aber beim Wein, vor allen Dingen beim Weißwein gilt oft die alte Weisheit: »Der Stärkste ist am mächtigsten allein.« Im Allgemeinen zeigt Riesling sich rebsortenrein von seiner besten Seite. Gelegentlich wird er aber, zum Beispiel an der Nahe, mit Traminer verschnitten. Dabei handelt es sich oft um so genannte alte Mischsätze, also Weinberge, in denen vor Jahrzehnten diese beiden Sorten zusammen gepflanzt wurden. Bei kleineren Qualitäten und schlechten Jahrgängen wird Riesling ab und zu 5–10 Prozent einer Aromasorte, beispielsweise Scheurebe oder Kerner, beigegeben, um die Frucht zu erhöhen.

Manche Winzer bieten Cuvées mit Fantasiebezeichnungen an, bei denen Riesling für Säure und Eleganz sorgen soll. Die Resultate sind sehr unterschiedlich und haben mit dem eigentlichen Charakter des Rieslings wenig zu tun. Dennoch können es durchaus sehr ansprechende Weine sein.

Riesling aus dem Barrique

Selten sind sich Weinliebhaber, Winzer und Weinkritiker so einig wie in einem Punkt: dem Ausbau von Riesling im Barrique. Was Chardonnay, Weiß- oder Grauburgunder durchaus bekommt, ist für den filigranen Riesling in den meisten Fällen der Todesstoß. Allerdings experimentieren einige Weinmacher mit dem Ausbau in neuen Holzfässern mit Erfolg. Etwas anders sieht es bei edelsüßen Gewächsen ab der Kategorie Beerenauslese aus. Hier gelangen vor allem aus Australien interessante Weine auf die internationalen Märkte.

Das Vegetationsjahr

‹‹ Sobald die Tagestemperaturen bei etwa 10 °C liegen, treibt der Rebstock im Frühjahr das erste Grün aus.

›› Die kleinen Knospen öffnen sich rasch, es treten grüne Blättchen hervor, die Winterruhe ist endgültig vorbei.

›› Innerhalb kurzer Zeit hat der Rebstock neue Blätter und Triebe bekommen – sie sind besonders empfindlich gegen Spätfröste.

‹‹ Auf der Nordhalbkugel beginnt etwa Mitte bis Ende Mai die Blütezeit der Rebe. Sie dauert rund 14 Tage.

Wurden die Blüten befruchtet, entwickeln sich kleine Beeren.

‹‹ Im Spätsommer beginnen die Trauben ihre Reifephase.

›› Die Färbung der Trauben ist der letzte Schritt in der Vegetationsphase. Rote Sorten färben sich rotblau, Weißweinsorten werden gelb.

An- und Ausbaumethoden

Das Arbeitsjahr des Winzers macht auch im Winter keine Pause: Das alte Rebholz muss sorgfältig entfernt werden, damit neue Triebe wachsen können.

Das Arbeitsjahr im Weinberg

- November bis Februar: Rebschnitt
- Februar bis März: Anbinden der Ruten an den Drahtrahmen
- April: Austrieb
- Ende Juni: Blüte
- August: Ausdünnen
- September bis November: Lese
- Dezember bis Januar: Eisweinlese

Qualität beginnt im Weinberg

So kapriziös die Sorte auf der einen Seite ist, so problemlos ist sie andererseits beim Anbau. Geeignet ist sie nämlich für alle gängigen Erziehungsmethoden. Um gutes Traubenmaterial zu erhalten, schneidet der Winzer entweder bereits im Winter die Rebstöcke stark zurück, sodass sich nur wenige, dafür aromaintensive Trauben entwickeln. Oder er schneidet während der kalten Jahreszeit nur mäßig zurück, um bei einem guten Wetterverlauf im Frühsommer entsprechende Wachstumskorrekturen vorzunehmen. Dabei handelt es sich um Maßnahmen, die für die spätere Weinqualität wichtig sind. Nur bei einem Ertrag von maximal 70 Hektoliter pro Hektar können wirklich gute Rieslingweine entstehen.
Für einen guten trockenen Wein ist gesundes, gut ausgereiftes Traubenmaterial die Voraussetzung. Die besten Resultate erreicht man mit der Handlese, bei der inzwischen vielerorts durchgeführten maschinellen Lese hingegen ist eine anschließende Selektion per Hand nötig, um aufgeplatzte, verschimmelte oder zu unreife Trauben auszusortieren. Als Grundsatz gilt: Je besser und sorgfältiger die Traubenauswahl, desto reintöniger wird der fertige Wein.

Ernte von reifen und edelfaulen Trauben

Eine Besonderheit sind die edelsüßen Qualitäten. Vor allem in den Flusstälern Mitteleuropas, an Mosel, Rhein, Nahe, Main und Donau, gedeiht im Herbstnebel ein edler Pilz namens Botrytis cinerea. Er dringt in die Trauben ein – wie bei Camembert –, lässt sie aber nicht faulen, sondern verschließt die wunde Stelle mit einem weißen Pilzrasen. Dieser Rasen stellt eine sehr große Verdunstungsfläche dar, durch den hohen Wasserentzug steigt der prozentuale Zuckergehalt, das Resultat sind so genannte edelfaule Beeren. Das kann so weit führen, dass man von einer Trockenbeere spricht, deren Most den zwei- bis zweieinhalbfachen Zuckergehalt von gesunden Trauben hat.

Für edelsüße Auslesen wird meist eine Mischung aus vollreifen und edelfaulen Beeren verwendet, während für Beerenauslesen ausschließlich edelfaule Trauben genommen werden. Trockenbeerenauslesen entstehen aus Trauben, die schon weitgehend verschrumpelt sind und Ähnlichkeiten mit Rosinen aufweisen.

Eine Besonderheit ist der Eiswein. Der Wasserentzug wird erzielt, indem man die hochreifen Weintrauben hängen lässt, bis eine Frostnacht von mindestens minus 8 °C einsetzt. Die Winzer gehen morgens in der Regel früh um vier Uhr in den Weinberg, um die gefrosteten Trauben zu lesen. Das Wasser in den Früchten ist gefroren und beim sofortigen Keltern bleibt es zurück. Aus dem Konzentrat der Frucht entsteht der Eiswein. In manchen Gebieten der Neuen Welt warten Winzer nicht erst ab, bis die natürlichen Gegebenheiten vorhanden sind. Sie ernten die hochreifen Trauben und frieren sie ein. Das ist in Deutschland beispielsweise untersagt.

Nur wenn Petrus ein Einsehen mit den Winzern hat, und das Wetter im Herbst stabil bleibt, können wie hier überreife und edelfaule Trauben entstehen.

Je stärker die Eisweintrauben gefroren sind, umso höher ist die Zuckerkonzentration in den Beeren und somit auch das Mostgewicht.

Ausbau im Keller

Sind die Trauben angeliefert, werden sie in der Traubenmühle abgebeert oder entrappt, indem ein rotierendes Schlagwerk die Beeren von den Kämmen und Stielen trennt. Das ist besonders wichtig, da diese Tannine (Gerbstoffe) enthalten. Dieser bittere Geschmacksstoff ist zwar bei Rotweinen oft erwünscht und kann auch bei Trauben mit intensivem Fruchtgeschmack durchaus eine sinnvolle Ergänzung sein. Der feinaromatische, säurereiche Riesling dagegen würde durch die Tannine einen unvorteilhaften Touch erhalten.

Korbpressen funktionieren ähnlich wie alte Keltern – sie sind eher in kleineren Winzerbetrieben zu finden, da sie nur ein geringes Fassungsvermögen haben.

Pressen

Danach werden die Trauben entweder ganz oder zerkleinert gepresst. Bei sanftem Pressen entsteht eine entsprechend gute Mostqualität, während bei einem zu starken Pressdruck die Kerne aufgebrochen werden und bittere, adstringierende Geschmacksstoffe freisetzen.

Vorklären

Im Most befinden sich noch Schmutzbestandteile, die entfernt werden müssen. Das erreicht man am schnellsten, wenn man den Most durch eine Zentrifuge laufen lässt. Allerdings kann dadurch die Qualität leiden. Besser und schonender ist es, den Most mehrere Stunden oder über Nacht in gekühlten Klärbehältern stehen zu lassen, damit sich die Trubteilchen absetzen. Nachteil dieser Methode: Der Most kann oxydieren. Daher wird er üblicherweise leicht geschwefelt.

Der geklärte Most wird anschließend in die für die Gärung vorgesehenen Behälter umgefüllt, wobei heute allgemein Edelstahltanks verwendet werden. Sie erleichtern durch eingebaute Kühlschlangen die Temperaturregelung, die für den Verlauf der Gärung eine große Bedeutung hat.

Anreicherung

In schlechteren Jahren oder bei zu großen Erträgen und früher Lese kann es vorkommen, dass der Zuckergehalt des Mostes für den späteren Alkoholgehalt des Weins zu gering ist. Dann darf der Kellermeister dem Most vor der Gärung Zucker oder süßes Mostkonzentrat zufügen. Dieser vergärt mit dem natürlichen Traubenzucker und führt so zu einem höheren Alkoholgehalt. Das auch als Chaptalisieren bezeichnete Verfahren ist in vielen Ländern üblich, wird allerdings per Gesetz in den jeweiligen Ländern streng reglementiert. Bei deutschen Prädikatsweinen ist die Anreicherung verboten.

Chaptalisierung

Die Bezeichnung geht auf den Innenminister Napoleons, Chaptal, zurück. Er führte das Prinzip der Weinzuckerung ein, während man zuvor Honig verwandte.

Alkoholische Gärung

Je niedriger die Temperatur, desto langsamer verläuft der Gärprozess, und die Frucht im Wein wird besser bewahrt. Die Gärung selbst ist ein chemischer Prozess, der durch Hefen in Gang gesetzt wird. Dabei unterscheidet man zwischen den natürlichen Weinbergshefen und Reinzuchthefestämmen. Erstere bringen einen individuelleren, terroirtypischen Geschmack, doch sehr viele Betriebe verwenden Kulturhefen, da sich dadurch der Gärprozess leichter steuern lässt. Die meisten Spitzenwinzer setzen auf natürliche Hefen, die sich auf der Traubenhaut befinden. Die Gärung bewirkt die Umwandlung beziehungsweise Aufspaltung von in den Trauben enthaltenem Zucker in Alkohol und Kohlendioxid. Daher sinkt mit fortschreitender Gärung der Zuckergehalt zugunsten eines höheren Alkoholgehalts.

Da Weißwein langsam gären muss, finden sich Gärfässer für die Weißweinherstellung nur in Gebieten mit naturkühlen Kellern. Ansonsten ist der Gebrauch von Gärtanks aus Edelstahl üblich.

Biologischer Säureabbau

Der Kellermeister entscheidet danach, ob er bei säurereichen Weinen die malolaktische Gärung, heute besser bekannt als BSA, biologischer Säureabbau, in Gang setzt. Durch Milchsäurebakterien, die als Pulver angeboten werden (bei 1000 Liter Wein reichen 20 Gramm aus), wird die kräftige Apfelsäure aus dem Rebensaft in die sanftere Milchsäure umgewandelt. Diese Bakterien befinden sich auch auf den Beerenhäuten oder in den Beeren. In früheren Zeiten, als die Weine oft noch bis zum Herbst in Tanks oder Fässern lagerten und im Sommer die Temperaturen im Keller auf 18–22 °C stiegen, konnten sich die natürlich vorhandenen Milchsäurebakterien entsprechend vermehren und so einen spontanen biologischen Säureabbau in Gang setzen, zumeist kurz nach der alkoholischen Gärung. Heute werden die Weine bevorzugt kalt vergoren und früher abgefüllt, dazu sind die Keller besser isoliert, weshalb die Bakterien in ihrer Vermehrung und Arbeit gehemmt werden. Aus diesem Grund haben Mikrobiologen entsprechende Bakterienstämme gezüchtet, die auch bei ungünstigen Bedingungen aktiv werden. Wird dabei allerdings zu viel des Guten getan, findet sich ein unangenehmer Milchsäureton im Wein, der an Joghurt, Molke, Käse, im Extremfall auch an Sauerkraut erinnert.

Die Verminderung der Säure führt aber auch zu einer Veränderung des Geschmacks. Die Weine werden weicher, milder und runder, zugleich verändern sich die Aromen. Speziell die für Riesling so typischen Zitrus- oder Pfirsicharomen können dadurch stark vermindert werden oder ganz verschwinden. Daher ist der biologische Säureabbau bei Riesling heftig umstritten.

Tipps für Säureanfällige

Wer Probleme mit der Säure im Wein hat, greift entweder auf einen Riesling aus südlicheren Anbaugebieten zurück oder trinkt dazu Mineralwasser mit einem hohen Hydrogencarbonatanteil.

Erster Abstich

Ist der Gärvorgang beendet, wird der Wein abgestochen. Das bedeutet, dass er in einen anderen Behälter umgefüllt wird. Dabei bleibt der Bodensatz aus Hefe und festen Trubstoffen im alten Behälter zurück.

Klärung

Um den immer noch etwas trüben Wein zu klären, kühlt der Kellermeister ihn heute oft herunter. Der Trub sinkt dabei auf den Boden. Zugleich wird auch ein Teil der Weinsäure ausgefällt, die sich in Form von Kristallen als Weinstein absetzt. Da Trübungen oder Depotbildungen im Weißwein von den Verbrauchern oft fälschlich als Fehler angesehen werden, werden so genannte Schönungsmittel eingesetzt, wobei vor allem Gelatine, Bentonit – nach dem amerikanischen Fort Benton benannt, wo das dem Bentonit zugrunde liegende tonige Material gefunden wurde – oder die präparierte Innenhaut der Schwimmblase von Wels, Hausen oder Stör zur Anwendung kommen. Diese Schönung wird bevorzugt erst nach der gewünschten Reifeentwicklung des Weins durchgeführt.

Zweiter Abstich und Abfüllung

Ist der Wein geklärt, pumpt man ihn nochmals in einen anderen Tank oder in ein anderes Fass, damit er sich von den festen Stoffen am Boden trennt. Dieses Verfahren wird als zweiter Abstich bezeichnet.

Danach ist der Wein fertig zur Abfüllung. Unmittelbar vor dem Ziehen auf Flaschen wird er noch durch Schichtfilter von Schwebepartikeln und eventuellen Trubstoffen befreit, um vor allem jegliches

Die Arbeit des Kellermeisters ist beendet, der Wein ist fertig und wird abgefüllt.

Risiko einer unerwünschten Nachgärung in der Flasche auszuschließen. Nach dem Filtern füllt man den Wein in sterilisierte Flaschen. Gelegentlich wird auch ein wenig Stickstoff in die Flaschen gegeben, damit der Wein frisch bleibt. Da der Füllvorgang für das empfindliche Produkt Wein Stress bedeutet, werden die Flaschen oft noch einige Wochen im Keller gelagert. Im Durchschnitt sollte man frisch abgefüllten Wein vor dem Trinken rund sechs Wochen ruhen lassen.

Ausbaumethoden für trockene und süße Weine

Um einen trockenen Riesling zu erreichen, muss der Most so lange gären, bis der Zucker in Alkohol umgewandelt ist. Um eine reibungslose Vergärung zu gewährleisten, werden mit Vorliebe Reinzuchthefen verwendet, da die natürlich vorkommenden wilden Hefen nicht immer ausreichend vorhanden sind.
Soll der Wein dagegen eine mehr oder weniger hohe Restsüße behalten, gibt man nach der Gärung unvergorenen Traubensaft hinzu, die so genannte Süßreserve, oder die Gärung muss unterbrochen werden. Dafür gibt es verschiedene Methoden. Zum einen kann der Wein auf niedrige Temperaturen heruntergekühlt werden, sodass die Hefen ihre Tätigkeit einstellen. Zum anderen kann man den Wein noch während der Gärung filtrieren. Dabei bleiben die Hefen in den Filtern hängen. Eine dritte Möglichkeit besteht darin, den Wein in geschlossenen Drucktanks zu vergären. Die entstehende Kohlensäure kann dann nicht mehr entweichen und unterdrückt eine weitere Gärung.

Ob im Edelstahltank ausgebaut wird oder im Fass, bleibt den Winzern überlassen.

Der Kontrast könnte größer nicht sein: Von verträumten Kellergassen im Weinviertel (oben links) bis hin zu moderner Architektur in Sydney (rechts): Riesling ist auf allen Kontinenten vertreten.

Variationen von Riesling

Riesling-Reben finden sich auf allen Kontinenten der Erde. Wir zeigen Ihnen, in welchen Ländern sie angebaut werden, wie sich Klima und Böden auf die jeweiligen Weine auswirken und stellen die besten Riesling-Güter und ihre Weine vor.

Die Riesling-Anbaugebiete der Welt

USA

In Nordamerika wächst die Anbaufläche. New York State im Osten ist das wichtigste Anbaugebiet, dazu kommen die Westküsten-Staaten Oregon und Washington, Kalifornien sowie Kanada. Derzeit kann Riesling knapp 2000 Hektar Anbaufläche vorweisen.

Europa

Die klassische Rieslingnation ist Deutschland. Hier steht mit rund 23 000 Hektar etwa die Hälfte der weltweit mit Riesling bestockten Fläche. In Österreich wird Riesling auf etwa 1100 Hektar angebaut, vor allem in der Wachau, im Kamptal und im Kremstal.

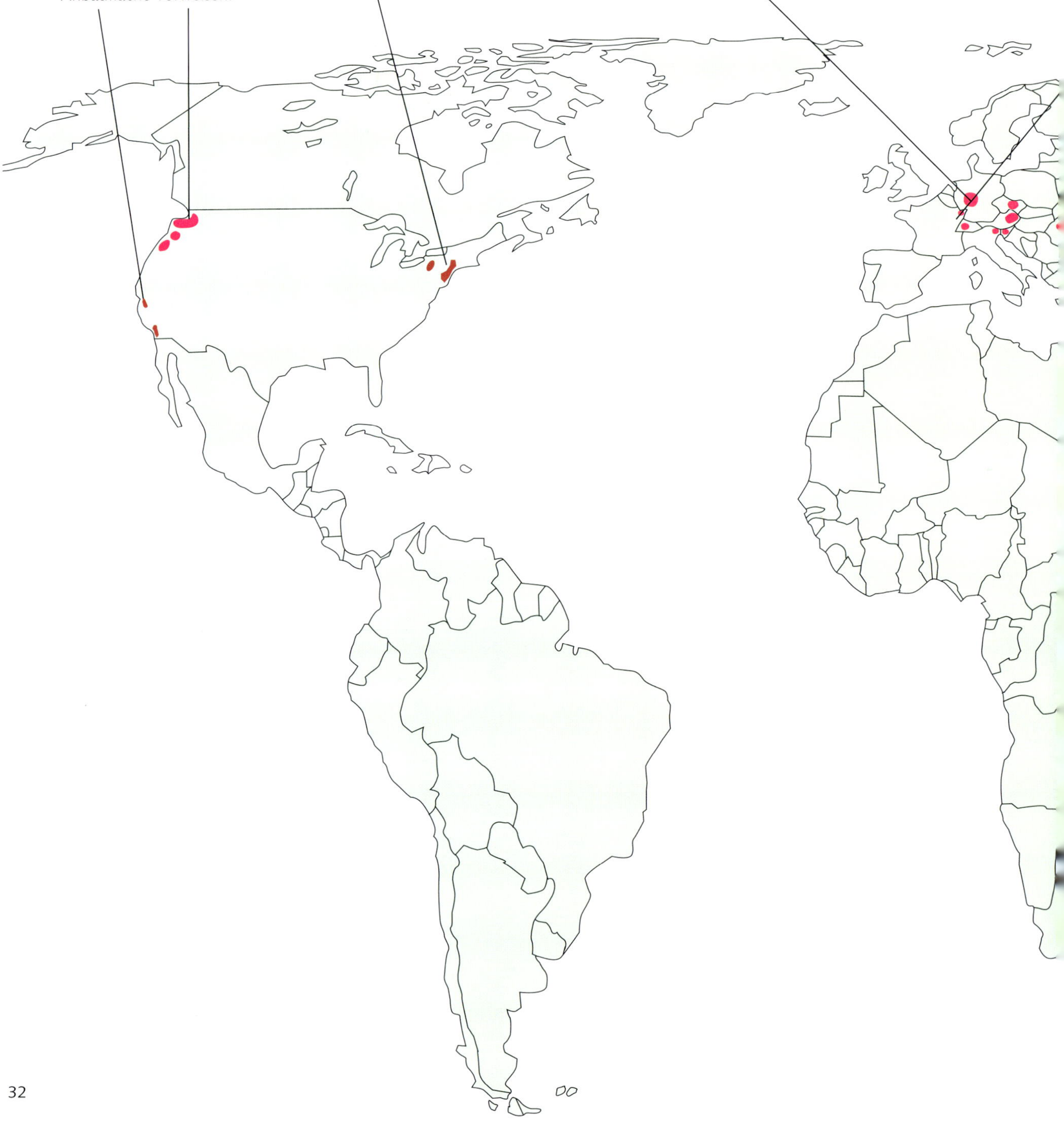

Fast dreimal mehr Riesling wächst in Frankreich, nahezu ausnahmslos im Elsass. Man findet die Sorte weiterhin in Luxemburg, wo rund zehn Prozent der Weinberge mit ihr bepflanzt sind, sowie in der Schweiz, Norditalien, Slowenien, Kroatien, Tschechien, Ungarn, Rumänien, Bulgarien und der Ukraine.

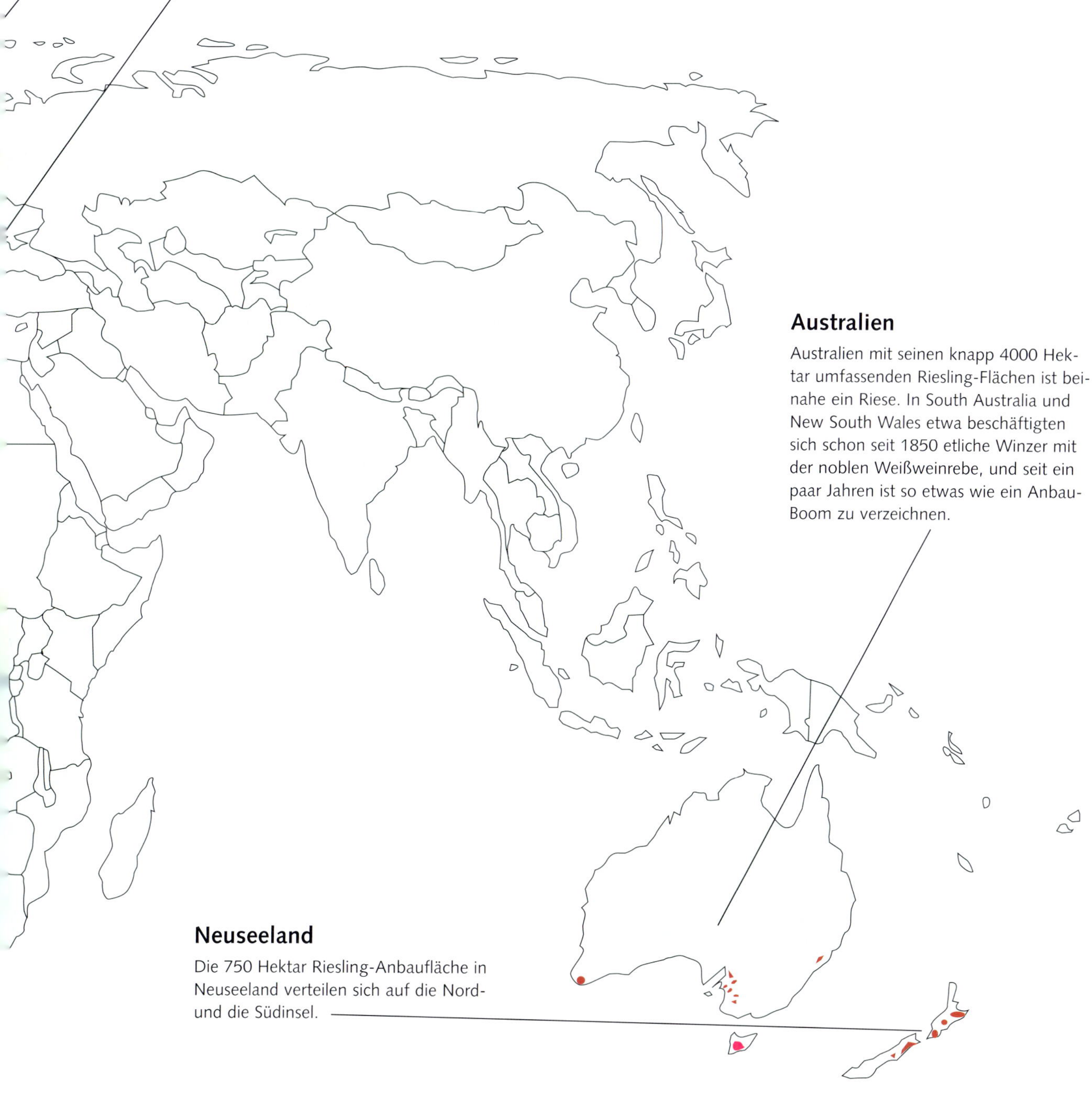

Australien

Australien mit seinen knapp 4000 Hektar umfassenden Riesling-Flächen ist beinahe ein Riese. In South Australia und New South Wales etwa beschäftigten sich schon seit 1850 etliche Winzer mit der noblen Weißweinrebe, und seit ein paar Jahren ist so etwas wie ein Anbau-Boom zu verzeichnen.

Neuseeland

Die 750 Hektar Riesling-Anbaufläche in Neuseeland verteilen sich auf die Nord- und die Südinsel.

Etikettenkunde

Das Deutschland-Etikett

① Jahrgang
② Erzeuger
③ Lage
④ Rebsorte
⑤ Prädikatsstufe (hier: Kabinett)
⑥ Geschmacksbezeichnung (hier: trocken)
⑦ Gesetzliche Qualitätsbezeichnung (hier: Qualitätswein mit Prädikat)
⑧ Hinweis auf den Abfüller
⑨ Flascheninhalt
⑩ Alkoholgehalt

Das deutsche Weingesetz zählt nicht gerade zu den einfach zu durchschauenden. Auf dem Etikett muss eine Vielzahl von Angaben vermerkt sein. Einige davon dürfen auch auf dem Rückenetikett stehen. Dazu gehören: Qualitätsstufe, Lagen- und Erzeugername.

Das Elsass-Etikett

① Rebsorte
② Name des Erzeugers
③ Ort
④ Flascheninhalt

Der französische Gesetzgeber verpflichtet elsässische Winzer dazu, die Rebsorte auf der Flasche anzugeben; in den anderen französischen Anbaugebieten ist diese Angabe freiwillig. Name und Ort des Erzeugers müssen überall genannt werden, ebenso der Alkoholgehalt und die Mengenangabe.

Das Österreich-Etikett

① Anbaugebiet
② Lagenname
③ Rebsorte
④ Jahrgang
⑤ Qualitätsstufe (hier: Qualitätswein)
⑥ Name des Produzenten
⑦ Flascheninhalt
⑧ Alkoholgehalt

Jeder österreichische Qualitäts- und Prädikatswein trägt am Flaschenhals eine Banderole mit staatlicher Prüfnummer. Zu den obligatorischen Angaben auf dem Etikett gehören Herkunft, Qualitätsstufe, Alkoholgehalt, Lagenname, Rebsorte, Jahrgang und der Name des Produzenten.

Das USA-Etikett

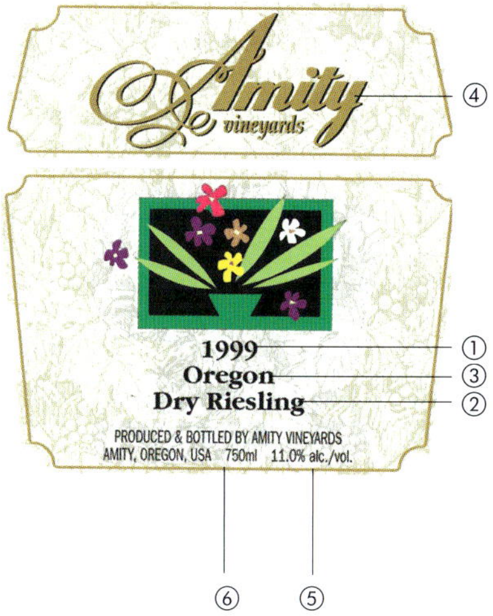

① Jahrgang
② Name oder Qualitätsstufe (hier: Dry Riesling)
③ Herkunftsregion (AVA, hier: Oregon)
④ Erzeuger
⑤ Alkoholgehalt
⑥ Flascheninhalt

Seit 1983 gibt es ein gesetzlich geregeltes System einer geographischen Herkunftsbezeichnung ähnlich der französischen Appellation d'Origine Contrôlée (AOC), die American Viticultural Areas (AVA). Es schreibt bestimmte Angaben auf dem Etikett vor: Jahrgang, Erzeuger, Alkoholgehalt, Warnhinweis vor gesundheitlichen Risiken.

Das Australien-Etikett

① Jahrgang
② Erzeuger
③ Herkunftsregion
④ Rebsorte
⑤ Alkoholgehalt
⑥ Flascheninhalt

Das australische Weingesetz lässt den Winzern recht viel Freiheit: Wenn auf dem Flaschenetikett vermerkt ist, dass es sich um einen Riesling handelt, müssen tatsächlich nur 85 Prozent des Inhalts aus dieser Rebsorte bestehen. Die übrigen 15 Prozent können aus einer anderen Sorte sein. Ebenso verhält es sich mit der Angabe des Anbaugebiets oder des Jahrgangs.

Das Neuseeland-Etikett

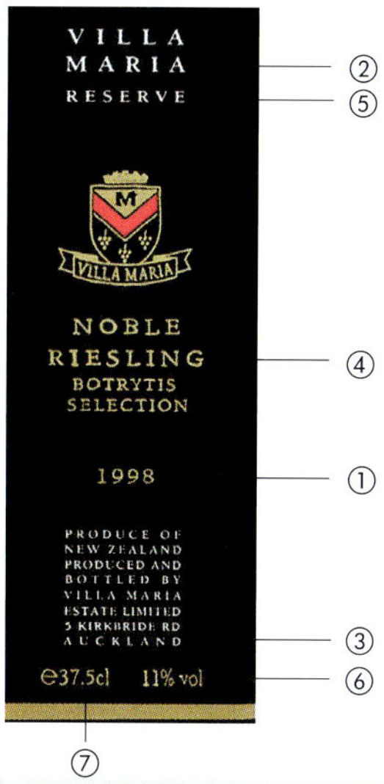

① Jahrgang
② Erzeuger
③ Herkunftsregion
④ Rebsorte
⑤ Qualitätsstufe
⑥ Alkoholgehalt
⑦ Flascheninhalt

Die weingesetzlichen Vorschriften in Neuseeland sind auf ein Minimum reduziert. Wichtig ist, dass Rebsorte, Erzeuger oder Abfüller und Jahrgang auf dem Etikett angegeben werden.

Deutsche Rieslinge – pure Vielfalt

Würde man in einer Umfrage nach der bekanntesten deutschen Rebsorte fragen, wäre die Antwort sicher: Riesling. Dabei sind die Weine so unterschiedlich wie die Anbaugebiete selbst, in denen Riesling mal die erste Geige spielt, mal als Nischenrebsorte auf den hinteren Plätzen rangiert. Aber eines haben alle Riesling-Weine in Deutschland gemeinsam. Sie sind wie keine zweite Sorte ein Spiegel des Terroirs, des Klimas und zeigen ganz deutlich die Handschrift des Winzers.

Die Jahrgänge im Überblick

Der Rhein trennt das größte Anbaugebiet Deutschlands, Rheinhessen, vom Rheingau und vom Mittelrhein. Von der Pfalz bei Kaub hat man eine schöne Sicht auf die steilen Hänge, die den Mittelrhein prägen.

2000 Es war ein schwieriges, aber kein hoffnungsloses Jahr für die deutschen Winzer. Trotz der anhaltenden Regenfälle während des Sommers und bis in die Erntezeit hinein wurden gute bis sehr gute Qualitäten erzielt. Viele Winzer sind der Fäulnisgefahr durch eine zügige Lese ausgewichen, im Schnitt wurden die Mostgewichte des Vorjahres in fast allen Qualitätsstufen erreicht.

1999 Der letzte Jahrgang im zweiten Jahrtausend verabschiedete sich mit hervorragenden Qualitäten in allen Qualitätsstufen. Viel Sonne und Regen in einem gesunden Verhältnis verhalfen den Trauben zu einer frühen Reife, die Mengen lagen im jährlichen Durchschnitt. Wer etwas warten konnte, hat vereinzelt im Dezember noch einen Eiswein ernten können.

1998 Ein relativ kühler Frühsommer und ein recht heißer Spätsommer haben die durchweg gute bis sehr gute Qualität nicht entscheidend mindern können. Ausreichend Regen gab den Böden genügend Feuchtigkeit, die Extraktwerte lagen im Durchschnitt etwas höher als im Jahr davor. Im edelsüßen Bereich gab es vereinzelt geringe Ertragseinbußen, die unteren Qualitätsstufen brachten klare und fruchtige Weine hervor.

1997 Am Ende des Vegetationsjahres konnten die Winzer auf einen Jahrgang blicken, der frühreife und schnell trinkbare Weine hervorbrachte. Die Gewächse zeigen sich mitunter sehr weich und fruchtig, der edelsüße Bereich hatte in diesem Jahrgang eindeutige Vorteile gegenüber den trockenen Weinen.

1996 Für die meisten Weinbaugebiete ein exzellenter Jahrgang, der die Keller mit außerordentlichen Qualitäten füllte. Die Weine zeichnen sich vor allem durch ihre Frische und Langlebigkeit aus. Ausgeprägte Fruchtaromen nicht nur im edelsüßen Bereich, auch die einfachen Qualitäten zeigen Struktur und Aromenvielfalt.

Rheingau – Riesling in Bestform

Schloss Vollrads und seine Weinberge befinden sich oberhalb der Gemeinde Oestrich-Winkel.

Wo der Rhein seinen gewohnten Lauf ändert und für 50 Kilometer von Ost nach West fließt, erstreckt sich das Anbaugebiet Rheingau. Eingebettet zwischen den Bergzügen des Taunus und dem Rhein, liegen die Orte und Städte entlang des breiten Flusses wie aufgezogen an einer Perlenschnur. Ein Glücksfall für den Weinbau, denn alle Rebhänge sind nach Süden ausgerichtet, was ihnen die beste Sonneneinstrahlung garantiert. Der Taunuskamm bietet gleichzeitig Schutz vor den rauen Nordwinden.

Der Rheingau ist Riesling-Land. Von der rund 3300 Hektar großen Rebfläche gehören Riesling über 80 Prozent. Berühmt geworden sind vor allem die edelsüßen Weine. Auslesen, Beerenauslesen, Trockenbeerenauslesen und Eisweine, deren volle, fruchtige Natursüße und Aromenvielfalt von einer edlen Säure begleitet werden, erleben heute in aller Welt eine atemberaubende Renaissance. Auf nationalen und internationalen Auktionen erzielen gerade diese Spezialitäten Rekordpreise.

Traditionsgüter wie das ehemalige Zisterzienserkloster Eberbach, Schloss Johannisberg und Schloss Vollrads haben im Lauf der vergangenen Jahrhunderte das kleine Anbaugebiet weit über die Grenzen hinaus bekannt gemacht und Weingeschichte geschrieben. Im Rheingau wurden zum ersten Mal die Bezeichnungen Cabinett und Spätlese als Qualitätsmerkmal verwendet. Mit der jüngsten Flächenklassifizierung und der Einführung des Gütezeichens »Erstes Gewächs« ab dem Jahrgang 1999 hat der Rheingau wieder einmal eine Vorreiterrolle für den Deutschen Weinbau übernommen.

Rheingauer Weinwirtschaft in Zahlen

Im Rheingau gibt es 10 Großlagen mit rund 120 Einzellagen. Die unterschiedlichen Böden bieten optimale Bedingungen für den Weinbau: In den steilen Weinbergen zwischen Rüdesheim und Lorchhausen garantieren Schiefer, Quarz, Kies und Sandstein besonders rassige, kernige Weine. In den tiefer gelegenen Rebhängen wachsen auf tiefgründigen und kalkhaltigen Lössböden stoffige und vollmundige Weine.

Einfach Klasse – Die »Ersten Gewächse«

Rund ein Drittel (1100 Hektar) Weinbergsfläche sind in der Rheingauer Gütekarte als klassifiziertes Terroir ausgewiesen. Die Lagenkarte, die vom Deutschen Wetterdienst erstellt wurde, berücksichtigt dabei auch die klimatischen Bedingungen und die Bodenverhältnisse im Weinberg. Korrekturen sind nach oben und unten möglich. Die Grundvoraussetzungen für das »Erste Gewächs« sind eine schonende und sorgsame Bewirtschaftung, eine strenge Selektion des Leseguts von Hand und ein maximaler Hektarertrag von 50 Hektoliter. Ein weiteres Kriterium ist die sensorische Prüfung. Fachleute beurteilen streng nach den Regeln einer Blindverkostung Farbe, Geruch und Geschmack. Ausschließlich die beiden Hauptrebsorten des Rheingaus, Riesling und der Spätburgunder, dürfen als »Erstes Gewächs« vermarktet werden. Wahlweise gibt es trocken ausgebaute Weine und edelsüße Rieslinge und Spätburgunder. Damit die Weine auf den ersten Blick zu erkennen sind, tragen alle »Ersten Gewächse« die drei romanischen Bögen auf schwarzem Balken im Etikett. Die »Ersten Gewächse« dürfen erstmals ab dem 1. September des auf die Ernte folgenden Jahres angeboten werden.

Denkwürdige Hallen, in denen Weingeschichte geschrieben wurde: In Kloster Eberbach richtete man 1730 einen »Cabinet«-Keller für die besten Weine des Guts ein. Der Begriff ging daraufhin in die Klassifizierung deutscher Prädikatsweine ein.

Jahrgangstabelle

Jahr	QbA	Kabinett	Spätlesen	Auslesen	Edelsüß
2000					
1999					
1998					
1997					
1996					

Zur Qualität der Jahrgänge:
= hervorragend bis gut
= gut
= gut bis mäßig

Spitzengüter im Rheingau

Weingut Fritz Allendorf

Kirchstraße 69
65375 Oestrich-Winkel
Tel. 0 67 23 / 9 18 50
Fax 0 67 23 / 91 85 40
allendorf@allendorf.de
www.allendorf.de

Das Weingut Allendorf ist seit Jahren ein Aktivposten in der Rheingauer Weinszene. Rund 55 Hektar bewirtschaftet das Gut, das trotz der Größe ein echter Familienbetrieb geblieben ist. 48 Hektar sind mit Riesling-Reben bestockt, das Weingut zählt damit zu den größten Rheingauer Riesling-Betrieben. Beste Weinberge im Winkeler Hasensprung, Winkeler Jesuitengarten, Rüdesheimer Berg Rottland, Berg Roseneck und Oestricher Lenchen garantieren Riesling-Weine von besonderer Klasse und Rasse. Feinfruchtig, elegant und schlank, sind die Allendorfschen Rieslinge weit über die Grenzen der Region bekannt, ein Großteil der jährlich produzierten 450 000 Flaschen geht in den Export. Die besten Jahrgänge der letzten zehn Jahre waren 1990, 1992, 1993, 1995 und 1998.

Unere Riesling-Favoriten

1999 Winkeler Jesuitengarten Riesling Kabinett trocken **(B)**
1999 Winkeler Jesuitengarten Riesling Spätlese trocken **(B)**

Weingut Georg Breuer

Grabenstraße 8
65385 Rüdesheim
Tel. 0 67 22 / 10 27
Fax 0 67 22 / 45 31
georg-breuer@t-online.de
www-georg-breuer.com

Bernhard Breuer ist ein weit über sein eigenes Weingut hinaus engagierter Winzer. Der aktive Verfechter der trockenen Gewächse setzt auf Qualität und die Regulative der Natur. Wein sollte man der Natur gemäß ausbauen, entweder durchgegoren oder als hochwertigen edelsüßen Wein, ist seine Maxime. Das Ergebnis dieser Qualitätsphilosophie kann man schmecken. Große schlanke und elegante trockene Gewächse mit der typischen Rieslingfrucht finden sich genauso im Breuerschen Angebot wie dichte und komplexe edelsüße Gewächse, die sich durch exotische Fruchtaromen auszeichnen. Das Weingut bewirtschaftet 25 Hektar Rebfläche, fast 90 Prozent davon sind mit Riesling bepflanzt. Über 50 Prozent der Weine werden im großen Holzfass ausgebaut.

Unsere Riesling-Favoriten

1999 Rüdesheim Estate Riesling trocken **(B)**
1999 Rüdesheim Berg Schlossberg Riesling trocken **(D)**
1999 Rauenthal Nonnenberg Riesling trocken **(D)**
1999 Rüdesheim Berg Rottland Riesling Auslese Goldkapsel **(E)**

Forschungsanstalt Geisenheim

Kirchspiel / 65366 Geisenheim
Tel. 0 67 22 / 50 21 73
Fax 0 67 22 / 50 21 80
weinverkauf@geisenheim.fa.fh-wiesbaden.de
www.weingut-forschungsanstalt.de

In Geisenheim wird in Sachen Weinbau nicht nur geforscht und gelehrt, sondern im eigenen Betrieb werden auch Weine gemacht und verkauft. Fast 30 Hektar groß ist das Gut, das über einen breiten Sortenspiegel verfügt. Riesling stehen rund 16 Hektar in besten Rheingauer Lagen zur Verfügung. Als besonders wichtig wird dabei die Kombination von Tradition und Fortschritt empfunden, um das hohe Qualitätsniveau der Riesling-Weine zu steigern. Mit der Kollektion »von Lade«, die nach dem Gründer der Forschungsanstalt benannt ist, wurde ein neuer Riesling-Typ kreiert, der sich durch niedrige Säurewerte auszeichnet.

Unsere Riesling-Favoriten

1999 Riesling Kabinett trocken **(A)**
1999 Geisenheimer Rothenberg Riesling Spätlese **(B)**

Weingut Johannishof

Grund 63
65366 Johannisberg
Tel. 0 67 22 / 82 16
Fax 0 67 22 / 63 87
johannishof@t-online.de
www.weingut-johannishof.de

Johannes Eser ist ein talentierter junger Winzer, der den elterlichen Betrieb vor einigen Jahren übernommen und Jahr für Jahr ein Stück weiter an die Spitze der Rheingauer Top-Betriebe geschoben hat. Das Weingut umfasst knapp 18 Hektar Rebfläche, die fast ausschließlich mit Rieslingreben bestockt sind. Eser kann auf beste Lagen wie Geisenheimer Kläuserweg, Johannisberger Hölle und Klaus, Rüdesheimer Berg Rottland und Winkeler Jesuitengarten zurückgreifen. Aus diesen Weinbergen kommen feinrassige Rieslingweine, die über eine elegante Struktur verfügen. Im edelsüßen Bereich bringt Eser immer wieder kraftvolle, komplexe Rieslinge auf die Flasche, die sich durch die ganze Aromenpalette exotischer Früchte auszeichnen.

Unsere Riesling-Favoriten

1999 Winkeler Jesuitengarten Riesling Spätlese trocken **(B)**
1999 Johannisberger Klaus Riesling Spätlese **(B)**
1999 Johannisberger Hölle Riesling Auslese **(D)**

Schloss Johannisberg

Fürst von Metternich-Winneburg'sche Domäne
65366 Geisenheim-Johannisberg
Tel. 0 67 22 / 7 00 90
Fax 0 67 22 / 70 09 33
info@schloss-johannisberg.com
www.schloss-johannisberg.de

Das ehemalige Benediktinerkloster war nicht nur im Rheingau Schrittmacher für den Anbau der edlen Weißweinsorte, über Jahrhunderte hinweg bestimmte Schloss Johannisberg das Image des Rieslings wie kein zweites Weingut in Deutschland. Kein Wunder also, dass in diesen Gemäuern die Spätlese »entdeckt« wurde, und vom Johannisberg ihren Siegeszug durch die ganze Weinwelt antrat. Selbstverständlich ist Schloss Johannisberg ein hundertprozentiges Riesling-Gut. Konzentration auf Riesling in all seinen Spielarten, mit dieser Betriebsmaxime ist Johannisberg immer gut gefahren. Die Weine sind echte Klassiker und überzeugen mit feinfruchtigen Riesling-Noten, einem stabilen, gut ausbalancierten Säuregerüst und einem finessenreichen Süße-Säure-Spiel.

Unsere Riesling-Favoriten

1999 Schloss Johannisberger Riesling Rotlack Kabinett halbtrocken **(C)**
1999 Schloss Johannisberger Riesling Grünlack Spätlese trocken **(D)**
1999 Schloss Johannisberger Riesling Grünlack Spätlese **(D)**
1999 Schloss Johannisberger Riesling Rosalack Auslese **(E)**

Weingut August Kesseler

Lorcher Straße 16
65385 Assmannshausen
Tel. 0 67 22 / 25 13
Fax 0 67 22 / 4 74 77
august-kesseler@t-online.de
www.august-kesseler.de

Vor Jahren hat August Kesseler mit seinen dichten und komplexen Spätburgundern national und international Furore gemacht und für die Rheingauer Rotweine neue Maßstäbe gesetzt. Trotz dieser großen Erfolge hat der talentierte Winzer Riesling nie aus den Augen verloren, der auf 10,5 Hektar seiner Gesamtrebfläche von 18,5 Hektar eine Spitzenposition einnimmt. Beste Lagen im Rüdesheimer Berg Schlossberg, Rüdesheimer Berg Roseneck und Rüdesheimer Bischofsberg ermöglichen Kesseler, Riesling von außergewöhnlicher Qualität zu erzeugen. Von trocken bis edelsüß bestimmen dichte Fruchtaromen die eleganten Gewächse und zeigen das ganze Spektrum, das im Rheingauer Riesling steckt. Die Weißweine werden ausschließlich reduktiv im Edelstahltank ausgebaut.

Unsere Riesling-Favoriten

1999 AK Riesling Kabinett trocken **(B)**
1999 Rüdesheimer Bischofsberg Riesling Kabinett trocken **(B)**
1999 Rüdesheimer Berg Schlossberg Riesling Kabinett trocken **(C)**
1999 Rüdesheimer Berg Roseneck Spätlese trocken **(C)**
1999 Rüdesheimer Bischofsberg Riesling Spätlese Goldkapsel **(D)**

Alle Preiszuordnungen in diesem Buch beziehen sich, wenn nicht anders angegeben, auf den Verkauf ab Gut!

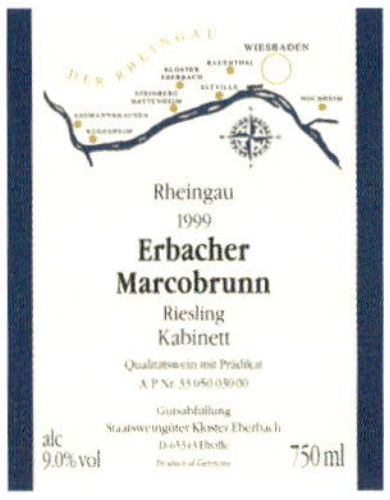

Hessische Staatsweingüter Kloster Eberbach

Schwalbacher Straße 56–62
65343 Eltville am Rhein
Tel. 0 61 23 / 9 23 00
Fax 0 61 23 / 92 30 90
info@staatsweingueterhessen.de
www.staatsweingueterhessen.de

Das größte deutsche Weingut gehört dem Land Hessen, das mit Kloster Eberbach einen Großteil des Erbes der Zisterziensermönche zu bewahren hat. Die Weinberge der Staatsdomäne ziehen sich über den ganzen Rheingau, von Assmannshausen bis nach Hochheim, wo jeweils eigene Domänen die Weinberge bewirtschaften. Insgesamt 120 Hektar umfassen die Staatsweingüter – ohne die Rotweindomäne Assmannshausen –, auf denen ausschließlich Rieslinge angebaut werden. Das ergibt rund 1 Million Flaschen Wein, vom einfachen Qualitätswein bis zum edelsüßen Eiswein, die unter dem bekannten Adleretikett vermarktet werden. Die Weine werden im Edelstahltank oder im großen Holzfass ausgebaut.

Unere Riesling-Favoriten

- **1999** Erbacher Marcobrunn Riesling Kabinett trocken **(B)**
- **1998** Rüdesheimer Berg Rottland Riesling Spätlese **(B)**

Weingut Peter Jakob Kühn

Mühlstraße 70
65375 Oestrich
Tel. 0 67 23 / 22 99
Fax 0 67 23 / 8 77 88
weingut.p.j.kuehn@t-online.de
www.weingut.pjkuehn.winesystem.net

Das Weingut befindet sich seit 1786 in Familienbesitz. Peter Jakob Kühn ist bereits die 11. Generation, die sich dem Rheingauer Wein verschrieben hat. Dabei hat keiner vor ihm einen so rasanten Aufstieg erlebt. In nur wenigen Jahren hat Kühn das Weingut mit erstaunlichen Riesling-Qualitäten an die Spitze der Rheingauer Güter befördert. Insgesamt 15 Hektar bewirtschaftet das Weingut, gut 13 Hektar davon sind mit Riesling bestockt. Die Böden bestehen aus kiesigem oder tonigem Lehm/Löss und können die Reben auch in trockenen Jahren noch ausreichend mit Wasser versorgen. Nach einer selektiven Lese per Hand und einer schonenden Pressung werden die Weine temperaturkontrolliert vergoren. Alle Rieslinge reifen in Edelstahltanks.

Unsere Riesling-Favoriten

- **1999** Oestricher Doosberg Riesling Spätlese trocken **(C)**
- **1999** Oestricher Lenchen Riesling Kabinett feinherb **(B)**
- **1999** Oestricher Lenchen Riesling Spätlese fruchtsüß **(C)**
- **1999** Oestricher Riesling Auslese edelsüß **(E)**

Weingut Franz Künstler

Kirchstraße 38
65239 Hochheim am Main
Tel. 0 61 46 / 8 25 70
Fax 0 61 46 / 57 67
info@weingut-kuenstler.com
www.weingut-kuenstler.com

Kompromisslose Qualität, die im Weinberg beginnt, ist für Gunter Künstler oberstes Gebot. Schonende Bodenbearbeitung und eine sorgsame, individuelle Pflege der Rebstöcke schaffen die Voraussetzungen für gesundes Traubengut. Riesling ist die absolute Leitsorte im Hochheimer Betrieb, rund 22 Hektar der insgesamt knapp 26 Hektar Gesamtrebfläche sind mit der edlen Weißweinrebe bepflanzt. Rund 160 000 Flaschen verlassen jedes Jahr den Keller. In allen Qualitätsstufen, vom QbA bis zu den edelsüßen Weinen, überzeugen die Rieslinge mit ihrer strahlenden Eleganz. Zu den besten Jahrgängen der letzten zehn Jahre zählt Künstler die Weine von 1990, 1993, 1997 und 1999.

Unsere Riesling-Favoriten

- **1999** Hochheimer Hölle Riesling Kabinett trocken **(B)**
- **1999** Hochheimer Kirchenstück Riesling Spätlese **(C)**
- **1999** Hochheimer Hölle Riesling Auslese **(D)**

Preisgruppen: A: unter 10 DM/5 €; **B:** 10–20 DM/5–10 €; **C:** 21–30 DM/10–15 €; **D:** 31–50 DM/15–25 €; **E:** über 50 DM/25 €

Freiherrlich Langwerth von Simmern'sches Rentamt

Kirchgasse 6
Langwerther Hof
65343 Eltville am Rhein
Tel. 0 61 23 / 9 21 10
Fax 0 61 23 / 92 11 33

Seit über 500 Jahren ist das alte Adelsgeschlecht der Langwerths dem Rheingauer Riesling verpflichtet. Auf 26 Hektar werden fast ausschließlich Riesling-Reben angebaut. Das Weingut kann auf eine ganze Reihe berühmter Weinbergslagen zurückgreifen. Die besten Rieslinge kommen aus dem Hattenheimer Mannberg, Hattenheimer Wisselbrunnen, Hattenheimer Nussbrunnen, Erbacher Marcobrunn und Rauenthaler Baiken. Nach strenger selektiver Handlese werden die gesunden Trauben schonend gepresst. Die Moste vergären temperaturgesteuert in modernen Edelstahltanks, um ihre feinen Fruchtaromen und die Frische zu erhalten. Zu den besten Jahrgängen der letzten zehn Jahre zählen 1993, 1998 und 1999.

Unsere Riesling-Favoriten
1999 Rauenthaler Baiken Riesling Kabinett trocken **(B)**
1999 Erbacher Marcobrunn Riesling Spätlese **(C)**

Weingut Fürst Löwenstein

Niederwaldstraße 8
65375 Oestrich-Winkel (Hallgarten)
Tel. 0 67 23 / 99 97 70
Fax 0 67 23 / 99 97 71
hallgarten@loewenstein.de
www.loewenstein.de/
www.internetwein.de

Seit dem Jahr 1875 bewirtschaften die Fürsten zu Löwenstein Weinberge im Rheingau und gehören damit zum traditionsreichen »Flaschenadel« der Region. Im Lauf der Jahre ist die Rebfläche des Guts auf rund 22 Hektar angewachsen, zu den Spitzenlagen des Betriebs zählen der Hallgartener Hendelberg, die Hallgartener Jungfer und der Hallgartener Schönhell. Riesling ist die Nummer Eins, daneben sind nur wenige Parzellen mit Spätburgunder bepflanzt. Der größte Teil der Weine wird klassisch trocken ausgebaut, die Rieslinge zeichnen sich dabei durch eine angenehm spritzige Säure aus. Die feinfruchtigen Rieslinge aus den Hallgartener Weinbergen zeigen ihre besondere Klasse in einer komplexen Struktur und einem langen Nachhall.

Unsere Riesling-Favoriten
1998 Hallgartener Schönhell Riesling Kabinett trocken **(B)**
1999 Hallgartener Schönhell Riesling Spätlese **(C)**

Weingut Prinz von Hessen

Grund 1
65366 Geisenheim-Johannisberg
Tel. 0 67 22 / 81 72
Fax 0 67 22 / 5 05 88
weingut@prinz-von-hessen.com
www.prinz-von-hessen.com

Fast 50 Hektar umfasst der Betrieb, davon gehören etwas mehr als 80 Prozent dem Riesling. Die feinfruchtigen und eleganten Gewächse kommen aus Spitzenlagen wie Johannisberger Klaus, Winkeler Jesuitengarten und Winkeler Hasensprung. Eine sorgsame Bewirtschaftung der Weinberge, die schonende Traubenverarbeitung während der Ernte und möglichst wenig Eingriffe im Keller machen die Rieslingweine zu echten Klassikern, die zu den Spitzen des Rheingaus zählen. Nur die Weine aus den Toplagen haben noch Lagenbezeichnungen, die restlichen Weine werden unter dem Label Gutsriesling vermarktet. Die besten Kreszenzen eines jeden Jahrgangs tragen auf dem Etikett die Unterschrift des Landgrafen Moritz von Hessen.

Unsere Riesling-Favoriten
1999 Prinz von Hessen Riesling Kabinett trocken **(B)**
1999 Johannisberger Klaus Riesling Spätlese **(B)**

Alle Preiszuordnungen in diesem Buch beziehen sich, wenn nicht anders angegeben, auf den Verkauf ab Gut!

Weingut Balthasar Ress

Rheinallee 7
65347 Hattenheim
Tel. 0 67 23 / 9 19 50
Fax 0 67 23 / 91 95 91
weingut@ress-wine.com
www.ress-wine.com

Auch nach über 100 Jahren ist der Betrieb ein Rheingauer Aushängeschild, das auf beste Lagen zwischen Hochheim und Rüdesheim zurückgreifen kann. Zur rund 33 Hektar großen Rebfläche gehören auch die Weinberge des ehemaligen Eberbacher Klosterbesitzes Schloss Reichartshausen, dessen Weine exklusiv vom Weingut Ress vermarktet werden. Auch andere klangvolle Rheingauer Lagen wie Hattenheimer Nussbrunnen, Hattenheimer Wisselbrunnen und Rüdesheimer Berg Schlossberg zählen zum besten Terroir des Traditionsbetriebs. Neben den klassisch trockenen Rieslingen ist das Weingut Balthasar Ress vor allem für seine gehaltvollen und extraktreichen Riesling-Gewächse bekannt, die auch nach vielen Jahren nichts von ihrem Glanz verloren haben.

Unsere Riesling-Favoriten

1999 »Von unserem« Riesling trocken **(B)**
1999 Hattenheimer Schützenhaus Riesling Kabinett **(B)**
1999 Schloss Reichartshausen Riesling Spätlese **(C)**

Schloss Schönborn

Hauptstraße 53
65347 Hattenheim
Tel. 0 67 23 / 9 18 10
Fax 0 67 23 / 91 81 91
schloss-schoenborn@t-online.de
www.schoenborn.de

Aus dem Jahr 1349 sind bereits Weinberge in Winkel im Besitz der Familie Schönborn urkundlich belegt. Damit begann die Weinbautradition der Grafen von Schönborn, die vor allem im 17. und 18. Jahrhundert Weinberge aus vielen Rheingaugemarkungen hinzu erwarben. Zu den Spitzenlagen gehören der Erbacher Marcobrunn ebenso wie der Rüdesheimer Berg Schlossberg und die Weinberge in der Hochheimer Domdechaney. Von den 50 Hektar Rebfläche sind 45 Hektar ausschließlich mit Riesling bestockt. Die Jungweine werden im Edelstahltank kühl vergoren und kommen anschließend zur Reifung für einige Monate ins Holzfass. Fruchtige Spätlesen mit viel Eleganz gehören genauso zur umfangreichen Angebotspalette wie komplexe edelsüße Rieslinge mit langem Nachhall.

Unsere Riesling-Favoriten

1999 Hattenheimer Nussbrunnen Riesling Kabinett trocken **(B)**
1998 Hattenheimer Pfaffenberg Riesling Spätlese **(B)**
1999 Erbacher Marcobrunn Riesling Erstes Gewächs **(D)**

Weingut Josef Spreitzer

Rheingaustraße 86
65375 Oestrich
Tel. 0 67 23 / 26 25
Fax 0 67 23 / 46 44
weingut-spreitzer@t-online.de
www.weingut-spreitzer.de

Die Brüder Bernd und Andreas Spreitzer gehören zur jungen Rheingauer Winzer-Garde. Die gesamte Weinkollektion – fast ausschließlich Riesling – überzeugt durch fruchtige, extraktreiche Weine, die von trocken bis edelsüß die sprichwörtliche Eleganz Rheingauer Rieslinge treffen. Die Weine wachsen auf tiefgründigen Lehm- und Lössböden; zu den Spitzenlagen des Weinguts zählen Weinberge im Oestricher Lenchen, Oestricher Doosberg, Winkeler Jesuitengarten und Hattenheimer Wisselbrunnen. Die Brüder Spreitzer setzen auf selektive Lese per Hand und lassen die Moste temperaturgesteuert im Holzfass oder Edelstahltank vergären. Dadurch verläuft die Gärung sehr langsam und gleichmäßig, was die natürliche Süße und die feinen Aromen erhält.

Unsere Riesling-Favoriten

1999 Oestricher Doosberg Riesling Kabinett trocken **(A)**
1999 Oestricher Lenchen Riesling Spätlese **(B)**

Preisgruppen: A: unter 10 DM/5 €; **B:** 10–20 DM/5–10 €; **C:** 21–30 DM/10–15 €; **D:** 31–50 DM/15–25 €; **E:** über 50 DM/25 €

Weingut Schloss Vollrads

65375 Oestrich-Winkel
Tel. 0 67 23 / 6 60
Fax 0 67 23 / 66 66
info@schlossvollrads.com
www.schlossvollrads.com

Schloss Vollrads mit den großzügigen Betriebsgebäuden liegt mitten in den voll arrondierten Weinbergen. Das traditionsreiche Weingut – eines der ältesten der Welt – baut ausschließlich Riesling an. Rund 48 Hektar umfasst der Betrieb, der sich unter der Führung von Rowald Hepp wieder kontinuierlich an die Spitze der Region vorarbeitet. Hepp setzt auf schonende Methoden in Weinberg und Keller. Nach der strengen, selektiven Lese per Hand kommen die Jungweine zur gezügelten Vergärung in moderne Edelstahltanks und bleiben einige Zeit auf dem Feinhefelager. Die eleganten Rieslinge zeichnen sich durch eine feine Struktur und eine finessenreiche Aromenvielfalt aus. Die edelsüßen Gewächse sind enorm dicht und komplex mit der ganzen Palette exotischer Fruchtaromen.

Unsere Riesling-Favoriten

1999 Schloss Vollrads Riesling Kabinett trocken **(B)**
1999 Schloss Vollrads Riesling Spätlese **(C)**

Weingüter Geheimrat J. Wegeler Erben

Gutshaus Oestrich
Friedensplatz 9–11
65375 Oestrich-Winkel
Tel. 0 67 23 / 9 90 90
Fax 0 67 23 / 99 09 66
info@wegeler.com

Julius Wegeler, der das Rheingauer Gut 1882 gründete, war Präsident des Deutschen Weinbauverbands und wirkte entscheidend bei der Fassung des Weingesetzes von 1901 mit. Rund 80 Jahre später brachten die Wegelers mit dem Premiumwein »Geheimrat J« die erste und einzige deutsche Weinmarke im Hochpreissegment auf den Markt. Rund 56 Hektar Rebfläche sind zu fast 100 Prozent mit Riesling-Reben bestockt. Zu den Spitzenlagen zählen der Rüdesheimer Berg Schlossberg, Rüdesheimer Berg Rottland, Geisenheimer Rothenberg, Winkeler Hasensprung und Oestricher Lenchen. Die Weine werden im Edelstahl schonend ausgebaut, sowohl die trockenen als auch die restsüßen Rieslinge zeichnen sich durch elegante, fruchtige Finesse und harmonisch eingebundene Säure aus.

Unsere Riesling-Favoriten

1998 Geheimrat Wegeler Erben Riesling Kabinett trocken **(Preis auf Anfrage)**
1999 Rüdesheimer Berg Rottland Riesling Spätlese **(Preis auf Anfrage)**

Weingut Robert Weil

Mühlberg 5
65399 Kiedrich
Tel. 0 61 23 / 23 08
Fax 0 61 23 / 15 46
info@weingut-robert-weil.com
www.weingut-robert-weil.com

Seit mehr als einem Jahrzehnt hält Wilhelm Weil mit seinen Riesling-Weinen nicht nur die Spitze im Rheingau, sondern macht auch bei internationalen Wettbewerben von sich reden. Das Weingut baut auf seiner 65 Hektar großen Rebfläche fast ausschließlich Riesling an. Die bekannteste Lage ist zweifelsohne der Kiedricher Gräfenberg. Auch wenn Weil mit seinen edelsüßen Gewächsen berühmt geworden ist, sind auch die trockenen Rieslinge Paradebeispiele für das Potenzial dieser Rebsorte und die idealen Bedingungen, die die Rebsorte im Rheingau findet. Die Weilschen Rieslinge beeindrucken durch ihre elegante Fruchtigkeit und ihre erstaunliche Komplexität, die sie rund um den Erdball zu gesuchten Gewächsen machen.

Unsere Riesling-Favoriten

1999 Kiedrich Gräfenberg Riesling Kabinett trocken **(C)**
1999 Kiedrich Gräfenberg Spätlese trocken **(D)**
1999 Kiedrich Gräfenberg Riesling Auslese **(E)**

Alle Preiszuordnungen in diesem Buch beziehen sich, wenn nicht anders angegeben, auf den Verkauf ab Gut!

Mittelrhein – Steillagen mit Perspektive

Zwischen Bingen und Lahnstein liegen die meisten Weinberge im engen Tal hoch über dem Rhein auf malerischen Rebterrassen neben mittelalterlichen Burgen und Schlössern. Hier findet man den eigentlichen Rheinwein, der noch vor Jahrzehnten als der reintönigste Riesling galt. Das weinbauliche Zentrum des Mittelrheintals liegt bei Bacharach im so genannten »4-Täler-Gebiet«. Entlang des Rheins und in den kleinen Seitentälern umfasst es etwa die Hälfte der Anbaufläche. Die günstigen klimatischen Verhältnisse schaffen trotz der

Bacharach ist eines der berühmtesten Winzerstädtchen am Mittelrhein.

schwierigen geologischen Gegebenheiten ideale Bedingungen für den Weinbau. Die Berge zu beiden Seiten des Rheins schützen vor kalten Winden. Die von Süden einfallenden Sonnenstrahlen treffen mit voller Intensität auf die Hanglagen, die Wasserfläche des Rheins reflektiert zusätzliche Wärme. Dennoch lässt die schwierige und kostenintensive Bewirtschaftung der steilen Rebhänge die Anbaufläche am Mittelrhein von Jahr zu Jahr schrumpfen. Noch vor rund 100 Jahren wurden hier mehr als 2000 Hektar kultiviert, heute sind es noch knapp 650 Hektar, die im Anbau stehen. Aufgeteilt in zwei Bereiche, 11 Großlagen und 111 Einzellagen ist das nicht einmal ein Prozent der deutschen Gesamtrebfläche. 70 Prozent der Winzer am Mittelrhein verkaufen ihren Wein in Eigenregie. Aus ihren Rebhängen kommen die feinen, eleganten und ausdrucksvoll-rassigen Weine. Der Charakter der Weine – zu 75 Prozent Riesling, der Rest verteilt sich auf Müller-Thurgau, Kerner und Spätburgunder – wird vor allem durch die unterschiedlichen Bodenarten geprägt. Am unteren Mittelrhein bei Leutesdorf kommen die stoffreichen Weine aus schweren Lössböden. Besonders extraktreiche Weine bringen die stärker verwitterten Böden in den Steillagen hervor. Rund um Boppard wachsen auf Schieferfelsböden elegante Rieslinge. Die typischen, trockenen Gewächse kommen aus den Lagen bei Bacharach und Steeg, die mit reinem Devon-Schiefer durchzogen sind.

Jahrgangstabelle

Jahr	QbA	Kabinett	Spätlesen	Auslesen	Edelsüß
2000					
1999					
1998					
1997					
1996					

Zur Qualität der Jahrgänge:

= hervorragend bis gut
= gut
= gut bis mäßig

Spitzengüter am Mittelrhein

Weingut Toni Jost

Hahnenhof
Oberstraße 14
55422 Bacharach
Tel. 0 67 43 / 12 16
Fax 0 67 43 / 10 76
tonijost@debitel.net

Klima und Boden prägen die Weine von Peter Jost. Bei der Arbeit in Weinberg und Keller verbindet Familie Jost Erfahrungen aus sechs Generationen mit modernsten önologischen Erkenntnissen. Eine späte, aber strikt selektive Handlese in mehreren Durchgängen pro Weinberg ist die Grundlage für Spitzenqualitäten. Schonende Verarbeitung der Trauben, die langsame, temperaturgesteuerte Vergärung, der Ausbau im Holzfass oder Edelstahltank und ausreichende Ruhe- und Reifezeit garantieren Charakter und Langlebigkeit der Weine aus dem Hahnenhof. Seit 1953 besitzt der Hahnenhof auch Weinberge im Rheingau, Spitzenlage ist hier der Wallufer Walkenberg.

Unsere Riesling-Favoriten

1999 Bacharacher Riesling Kabinett trocken **(B)**
1999 Wallufer Walkenberg Riesling Spätlese **(B)**

Weingut Dr. Randolf Kauer

Mainzer Straße 21
55422 Bacharach
Tel. 0 67 43 / 22 72
Fax 0 67 43 / 9 36 61
Weingut-Dr.Kauer@t-online.de

Streng nach ökologischen Richtlinien bearbeitet Randolf Kauer, der hauptberuflich als Dozent an der Fachhochschule für Weinbau in Geisenheim unterrichtet, die Weinberge seines knapp 3 Hektar großen Betriebs. Die Steillagen mit bis zu 65 Prozent Hangneigung erfordern eine zeit- und kostenintensive Handarbeit. Auf steinigen Tonschieferböden wachsen Rieslingtrauben, die dem Wein eine rassige und mineralische Note verleihen. Alle Weine baut Kauer im Holzfass aus. Nach einer selektiven Handlese vergärt der Most bei niedrigen Temperaturen im kühlen Kreuzgewölbekeller. Damit die feinen Fruchtaromen erhalten bleiben, verzichtet der Winzer gänzlich auf Schönungsmittel. Zu den Spitzenlagen des Guts zählen Bacharacher Wolfshöhle und Kloster Fürstental.

Unsere Riesling-Favoriten

1999 Bacharacher Wolfshöhle Riesling Kabinett trocken **(B)**
1999 Bacharacher Kloster Fürstental Riesling Spätlese **(B)**

Weingut Toni Lorenz

Ablassgasse 4
56154 Boppard
Tel. 0 67 42 / 35 11
Fax 0 67 42 / 10 90 63

Rassige, frische Weine mit einer prägnannten Riesling-Säure kommen aus dem Keller des rund 3,5 Hektar großen Weinguts in Boppard. Vor allem in den steilen Schieferhängen des Bopparder Hamms wachsen die Trauben, die am Ende die charaktervollen und ausdrucksstarken Rieslinge prägen. Die vorwiegend nach Süden ausgerichteten Lagen verfügen über ausgezeichnete klimatische Bedingungen, um die Rieslingtrauben zur ihrer optimalen Reife zu bringen. Während die Sonne den Schieferboden erwärmt, schützt das enge Rheintal gleichzeitg vor einfallenden, kalten Winden. Der nahe Rhein wirkt zudem als Wärmespeicher und in kühlen Nächten temperaturausgleichend. Ausgebaut werden die Weine sowohl im traditionellen Holzfass als auch im modernen Edelstahltank im Kaltgärverfahren.

Unsere Riesling-Favoriten

1999 Bopparder Hamm Feuerlay Riesling Kabinett trocken **(A)**
1999 Bopparder Hamm Feuerlay Riesling Spätlese **(A)**

Preisgruppen: A: unter 10 DM/5 €; **B:** 10–20 DM/5–10 €; **C:** 21–30 DM/10–15 €; **D:** 31–50 DM/15–25 €; **E:** über 50 DM/25 €

Weingut Matthias Müller

Mainzer Straße 45
56322 Spay
Tel. 0 26 28 / 87 41
Fax 0 26 28 / 33 63
weingut.matthias.mueller@t-online.de

Weingut Müller ist ein Familienbetrieb, der sich schon seit Generationen dem Weinbau widmet. In den steilen Lagen des Bopparder Hamms bewirtschaftet Matthias Müller rund 7,2 Hektar, die zu knapp 85 Prozent mit Riesling-Reben bestockt sind. Ideale Wachstumsbedingungen an der größten Rheinschleife prägen die Müllerschen Weine. Konsequenter Rebschnitt sowie hohe Eingangsmostgewichte sind Garant für beste Qualitäten. Eine Spezialität des Hauses sind die trockenen Rieslinge in allen Qualitätsstufen. Zu den Spitzenlagen des Weinguts zählen Bopparder Hamm Engelstein, Mandelstein und Feuerlay mit ihren Devonschieferverwitterungsböden. Neben Riesling baut Matthias Müller Grauen Burgunder und Spätburgunder an.

Unsere Riesling-Favoriten
1999 Bopparder Hamm Engelstein Riesling Kabinett trocken **(A)**
1999 Bopparder Hamm Mandelstein Riesling Spätlese **(B)**

Weingut Ratzenberger

Blücherstraße 167
55422 Bacharach
Tel. 0 67 43 / 13 37
Fax 0 67 43 / 28 42
weingut-ratzenberger@t-online.de

Hans Ratzenberger erwarb das Weingut 1956. Heute führen Sohn und Enkel den Familienbetrieb. Er liegt eingebettet im Steeger Tal und damit in einem der traditionsreichen Gebiete des Mittelrheins. Im Anbau sind 9 Hektar, davon sind 75 Prozent mit Riesling bestockt. Die Weinberge stehen auf steilen Südhängen mit Devon-Schieferverwitterungsböden. Aushängeschild des Betriebs ist der rassige, fruchtige Riesling. Die warmen Schieferböden geben dem Wein einen lebendigen, filigranen Charakter. Die Weine werden überwiegend trocken und halbtrocken ausgebaut. Die Spitzen im Angebot sind Dessertweine von der Auslese bis zum Eiswein.

Unsere Riesling-Favoriten
1998 Bacharacher Wolfshöhle Riesling Spätlese **(B)**
1998 Steeger St. Jost Riesling Spätlese trocken **(B)**
1998 Bacharacher Riesling Kabinett trocken **(A)**

Weingut Weingart

Mainzer Straße 32
56322 Spay
Tel. 0 26 28 / 87 35
Fax 0 26 28 / 28 35
weingart-wein.spay@t-online.de

Die 9 Hektar Weinberge, die Florian Weingart bewirtschaftet, befinden sich fast alle in südlichen Steillagen. Bis auf wenige Ausnahmen stehen ausschließlich Riesling-Reben in den Hängen. In den nächsten Jahren will Weingart den Betrieb zu einem reinen Rieslingweingut ausbauen. Zu den Spitzenlagen zählen Bopparder Hamm Feuerlay und Bopparder Hamm Ohlenberg. Hier wachsen die strukturreichen, eleganten und feingliedrigen Rieslinge, die deutlich das mineralische Terroir schmecken lassen. Die zarte Säure macht die Weine zu charaktervollen markanten Tropfen. Weingart zieht die Lese meist bis in den November, um vollreifes Traubengut zu ernten. Nach schonender Verarbeitung und guter Mostvorklärung werden die Rieslinge im gekühlten Edelstahlgebinde ausgebaut.

Unsere Riesling-Favoriten
1999 Bopparder Hamm Feuerlay Riesling Spätlese trocken **(B)**
1999 Bopparder Hamm Riesling-Hochgewächs halbtrocken **(A)**

Hessische Bergstraße

Erst 1971 bekam die Hessische Bergstraße mit ihrer 450 Hektar großen Anbaufläche den Status einer selbstständigen Anbauregion. Nur etwa 0,3 Prozent aller deutschen Weine wachsen hier, die meisten der 800 Betriebe werden im Nebenerwerb von Winzern bewirtschaftet, die sich nach Feierabend um Weinberg und Keller kümmern. Die an der Hessischen Bergstraße erzeugte Weinmenge ist so gering, dass der größte Teil der produzierten Weine direkt vor Ort getrunken wird. Denn die Hessische Bergstraße ist mit ihrem milden Klima ein beliebtes Naherholungsgebiet für den Ballungsraum Rhein-Main. An den West-Ausläufern des Odenwalds fangen bereits die Mandelbäume an zu blühen, wenn es in anderen Teilen des Landes noch empfindlich kalt ist. Zu den klimatischen Vorteilen kommen auch die geologischen Besonderheiten. Die meisten Weinberge stehen auf den nach Westen hin abfallenden Berghängen des Odenwalds, der die Trauben vor kalten Windeinbrüchen schützt. Zusätzlich kommen die Weinberge in den Genuss einer optimalen Sonneneinstrahlung, was dem Reifeprozess zugute kommt.
Riesling findet hier ideale Voraussetzungen, deswegen sind rund 55 Prozent der 450 Hektar Anbaufläche mit der edlen Weißweinrebe bestockt. Die Weine werden zum größten Teil trocken ausgebaut. Die Bergsträßer Rieslinge erreichen erst nach zwei bis drei Jahren ihren geschmacklichen Höhepunkt und lassen sich hervorragend lagern. Erstaunlich ist der hohe Anteil an Beeren- und Trockenbeerenauslesen. Eisweine werden an der Hessischen Bergstraße seit 1977 lückenlos angeboten.

Odenwälder Weininsel

Neben den Weinbergen zwischen Seeheim und Heppenheim gibt es im Nordosten die so genannte Odenwälder Weininsel bei Groß-Umstadt. Die leichteren Böden aus einer Mischung von verwittertem Gestein und fruchtbarem Löss heizen sich schnell auf, die begrünten Weinberge speichern den reichlichen Regen und geben den tief wurzelnden Reben ausreichend Feuchtigkeit.

Betriebsstruktur

Zwei Winzergenossenschaften, in Groß-Umstadt und in Heppenheim, bewirtschaften zusammen rund 300 Hektar, der größte Einzelbetrieb ist das Staatsweingut in Bensheim mit rund 40 Hektar bestockter Fläche.

Jahrgangstabelle

Jahr	QbA	Kabinett	Spätlesen	Auslesen	Edelsüß
2000	gut bis mäßig	gut bis mäßig	gut bis mäßig	gut bis mäßig	gut bis mäßig
1999	gut	gut	gut	gut	gut
1998	gut	gut	gut	gut	gut
1997	gut bis mäßig	gut	gut bis mäßig	gut	gut
1996	hervorragend bis gut	hervorragend bis gut	hervorragend bis gut	hervorragend bis gut	hervorragend bis gut

Zur Qualität der Jahrgänge:

(gelb) = hervorragend bis gut
(grün) = gut
(blau) = gut bis mäßig

Spitzengüter an der Hessischen Bergstraße

Staatsweingut Bergstraße

Grieselstraße 34–36
64625 Bensheim/Bergstraße
Tel. 0 62 51 / 31 07
Fax 0 62 51 / 6 57 06

Die Anfänge des Weinguts gehen zurück auf Versuchs- und Musterparzellen der Großherzoglichen Verwaltung von Hessen-Darmstadt. 1904 wurden auf Veranlassung der Weinbauschule Oppenheim die ersten Weinberge in der Bensheimer Kalkgasse und im Auerbacher Fürstenlager gerodet. Heute verfügt das Staatsweingut über eine Gesamtrebfläche von 38 Hektar, zirka 65 Prozent sind mit Riesling bepflanzt. Gutsverwalter Heinrich Hillenbrand erzielt seit Jahren mit seinen Weinen immer neue Erfolge. Das Potenzial des Terroirs ist dafür ideal: Die Gesteinsböden an der Bergstraße verleihen dem Riesling eine feine, filigrane, würzige Note mit vielen Finessen. Vor allem seine edelsüßen Rieslinge sind weit über die Grenzen des kleinen Anbaugebiets berühmt und haben ihm den Ruf eines Eisweinkönigs eingebracht.

Unsere Riesling-Favoriten

1999 Bensheimer Kalkgasse Riesling Kabinett trocken **(B)**
1998 Heppenheimer Centgericht Riesling Spätlese **(B)**

Weingut der Stadt Bensheim

Darmstädter Straße 6
64625 Bensheim
Tel. 0 62 51 / 58 00 17
Fax 0 62 51 / 6 49 70

Fast 500 Jahre reicht die Weinbautradition der Stadt Bensheim zurück. Heute umfasst das städtische Weingut, das Axel Seiberth gepachtet hat, eine Rebfläche von 13 Hektar. Mit einem Anteil von 60 Prozent ist Riesling die wichtigste Rebsorte im Sortiment. Zu den Spitzenlagen zählt der Betrieb die Bensheimer Kalkgasse, der das Kalkverwitterungsgestein im Boden ihren Namen gab. Beste Rieslinge kommen auch aus den Lagen Bensheimer Kirchberg und Auerbacher Fürstenlager. Die Weine werden vorwiegend trocken ausgebaut. In den vergangenen Jahren gab es immer die Möglichkeit, auch edelsüße Gewächse zu ernten, was sich im Angebot des Weinguts widerspiegelt.

Unsere Riesling-Favoriten

1999 Auerbacher Fürstenlager Riesling trocken **(A)**
1999 Bensheimer Kalkgasse Riesling Kabinett trocken **(B)**
1999 Bensheimer Kirchberg Riesling Auslese **(B)**

Weingut Simon-Bürkle

Wiesenpromenade 13
64673 Zwingenberg
Tel. 0 62 51 / 7 64 46
Fax 0 62 51 / 78 86 41
weingut.simon-buerkle@t-online.de

Kurt Simon und Wilfried Bürkle haben sich im Weinbaustudium kennen gelernt und beschlossen, auch weiterhin im Weinbau gemeinsame Sache zu machen. 1991 haben die beiden Freunde das Weingut in Zwingenberg gegründet. Rund 10 Hektar stehen derzeit im Anbau, davon hat Riesling einen Anteil von etwa 40 Prozent. Beste Weinbergslagen sind Zwingenberger Alte Burg und Steingeröll, sowie Auerbacher Fürstenlager und Höllberg. Zu den besten Jahrgängen der letzten zehn Jahre zählen die Weine von 1995, 1998 und 1999.

Unsere Riesling-Favoriten

1999 Zwingenberger Alte Burg Riesling Kabinett trocken **(A)**
1999 Auerbacher Fürstenlager Riesling Spätlese halbtrocken **(B)**

Mosel-Saar-Ruwer

Qualitätsbegriffe
Mit »Selection Mosel 2000«, »Top Leiwen Selection« oder »Riesling Pomaria« hat eine junge Winzergeneration neue Qualitätsbegriffe geschaffen, die vor allem einen rassigen Mosel-Riesling propagieren.

Eingerahmt zwischen Hunsrück und Eifel, zählt die Weinregion zu den nördlichsten Anbaugebieten und gleichzeitig zu den bekanntesten. Obwohl die Region nach drei Flüssen benannt ist, dominiert die Mosel die Weinszene. Geografisch bildet das Gebiet trotz der erheblichen Längenausdehnung von 250 Kilometern eine weinbauliche Einheit. Riesling in seinen verschiedenen Spielarten bestimmt das Geschehen in den sechs Weinbauregionen, die sich von der Mündung der Mosel in den Rhein flussaufwärts erstrecken. Insgesamt 12 200 Hektar Rebfläche umfasst die Weinbauregion Mosel-Saar-Ruwer. Aufgeteilt in 20 Groß- und 524 Einzellagen, wird die Fläche von rund 9000 Betrieben bewirtschaftet, das ergibt eine durchschnittliche Betriebsgröße von rund 1,4 Hektar. Über 50 Prozent der Reben stehen in Steillagen. Das macht die Bewirtschaftung arbeitsintensiv und verursacht gleichzeitig hohe Kosten. Für einen Hektar Rebfläche an der Mosel müssen rund 1500 Arbeitsstunden eingesetzt werden, in der Pfalz sind es weniger als die Hälfte. Nur wenige Weinberge können mit Maschinen befahren werden, die meiste Arbeit wird per Hand gemacht, lediglich unterstützt von Seilzügen.

Moselweine liegen voll im Trend, denn sie sind leicht und haben, trotz ihrer Rasse, oft unter 10 Volumenprozent Alkohol. Das Terroir bestimmt maßgeblich den Charakter der Weine. An der Obermosel, im Rheinischen Schiefergebirge, sind die Böden von Muschelkalk, Schieferverwitterungen und Keuper geprägt, während in den Tälern von Saar und Ruwer Devon-Schiefer das Terroir dominiert. Die Saar- und

In unzähligen Windungen schlängelt sich die Mosel entlang der steilen Weinbergslagen, hier bei Bremm.

Beim Anblick der Steillagen kann man nur erahnen, welch mühevolle Arbeit die Winzer hier zu leisten haben. Nicht überall können ihnen Maschinen wie ein Seilzug den Knochenjob erleichtern.

Ruwerweine erhalten dadurch ihre stahlige, geschliffene Säure, die mehr hervortritt als in den Gewächsen der Mittelmosel. Südlich des berühmten Moselortes Zell finden die Riesling-Reben in weichem Tonschiefer und kieselsäurereichen Grauwacken ideale Voraussetzungen, die den Weinen eine schlanke, feinfruchtige Eleganz verleihen. Die Tallagen des Anbaugebietes setzen sich aus Schotter-, Kies- und Sandablagerungen zusammen.

Steillage
Seit neuestem ist der Begriff offiziell als Gütehinweis eingeführt. Wegen der erschwerten Bedingungen in diesen Lagen wurden dem Gebiet bei einigen Regelungen Sonderstellungen eingeräumt. Die maximalen Hektarerträge liegen höher als in anderen Regionen, und die Moselweine brauchen für die Erreichung der Prädikatsstufen weniger Öchslegrade.

Jahrgangstabelle

Jahr	QbA	Kabinett	Spätlesen	Auslesen	Edelsüß
2000					
1999					
1998					
1997					
1996					

Zur Qualität der Jahrgänge:
= hervorragend bis gut
= gut
= gut bis mäßig

Spitzengüter an Mosel, Saar und Ruwer

Weingut Joh. Jos. Christoffel Erben

Schanzstraße 2
54539 Ürzig
Tel. 0 65 32 / 21 76
Fax 0 65 32 / 14 71

Das Weingut ist seit mehr als 400 Jahren Eigentum der Familie. Der Weinbergsbesitz verteilt sich auf die Gemeinden Ürzig und Erden. Die Weinberge – ausschließlich mit Riesling-Reben bepflanzt – können zum größten Teil nur mit der Hand bearbeitet werden. Die Hänge sind bis auf einige Parzellen mit wurzelechten Reben bestockt, die bis zu 50 Jahre alt sind. Solche Reben bringen vor allem in den steilen Schieferhängen nur kleine Traubenmengen hervor, dafür aber Weine von besonderer Klasse und Rasse. Die Ernte erfolgt von Hand in mehreren Arbeitsschritten, um die höchstmögliche Qualität zu gewährleisten. Die Gärung startet mittels eigener Traubenhefen, ausgebaut wird im traditionellen Holzfass.

Unsere Riesling-Favoriten
1999 Ürziger Würzgarten Riesling Spätlese **(B)**
1999 Erdender Treppchen Riesling Spätlese **(B)**

Weingut Grans-Fassian

Römerstraße 28
54340 Leiwen
Tel. 0 65 07 / 31 70
Fax 0 65 07 / 81 67
weingut@grans-fassian.de
www.grans-fassian.de

Ganz in der Nähe der großen Moselschleife von Leiwen und Trittenheim liegt seit 1624 das Weingut Grans-Fassian. Hier werden Weine erzeugt, wie sie für die Mosel typisch sind: intensiv fruchtig, von schlanker Eleganz mit relativ wenig Alkohol. Spitzengewächse wie Auslesen und Eisweine überzeugen durch duftende Fruchtaromen. Das Weingut verfügt über 10 Hektar Rebfläche, die zu über 90 Prozent mit Riesling bestockt sind. Der hohe Anteil an Steillagen sowie der begrenzte Rebanschnitt und eine selektive Lese per Hand reduzieren die Ertragsmenge deutlich und schaffen damit die erste Voraussetzung für extraktreiche Weine. Das stark schieferdurchsetzte Terroir spiegelt sich im mineralischen, rassigen Charakter der Weine wider.

Unsere Riesling-Favoriten
1999 Selection Riesling trocken **(C)**
1999 Trittenheimer Apotheke Riesling Spätlese **(C)**

Weingut Fritz Haag

Dusemonder Hof
Tel. 0 65 34 / 4 10
Fax 0 65 34 / 13 47
weingut-fritz-haag@t-online.de

Ob die Mosel der idealste Standort für Riesling ist, wie Wilhelm Haag behauptet, mag dahingestellt sein. Jedenfalls gehören die Riesling-Weine, die Haag in seinem 7,5 Hektar großen Weingut auf die Flaschen bringt, zu den besten weltweit, vor allem die eleganten und finessenreichen Rieslingweine aus der berühmten Lage Juffer Sonnenuhr. In den Steillagen reifen die Trauben in günstigem Mikroklima, der Schieferboden verleiht den Weinen einen angenehmen Touch von Mineralität. Das Gut bietet die ganze Palette feinfruchtiger bis edelsüßer Spitzengewächse, aber auch herzhaft trockene bis feinherbe Riesling-Weine. Während die Prädikatsweine stets mit der jeweiligen Lagenbezeichnung erscheinen, tragen die Qualitätsweine nur die Gutsbezeichnung.

Unsere Riesling-Favoriten
1999 Brauneberger Juffer Sonnenuhr Riesling Kabinett **(B)**
1997 Brauneberger Juffer Sonnenuhr Riesling Spätlese **(C)**
1994 Brauneberger Juffer Sonnenuhr Riesling Auslese **(D)**

Preisgruppen: A: unter 10 DM/5 €; **B:** 10–20 DM/5–10 €; **C:** 21–30 DM/10–15 €; **D:** 31–50 DM/15–25 €; **E:** über 50 DM/25 €

Weingut Reinhold Haart

Ausoniusufer 18
54498 Piesport
Tel. 0 65 07 / 20 15
Fax 0 65 07 / 59 09
info@haart.de
www.haart.de

Theo Haart hat sich ganz auf die edle Weißweinsorte spezialisiert, in seinem 5,5 Hektar großen Weingut baut er ausschließlich Riesling an. 45 000 Flaschen verlassen jährlich den Keller, zu seinen besten Lagen zählt Haart Piesporter Goldtröpfchen, Domherr und Wintricher Ohligsberg. Die Spitzenlage Piesporter Kreuzwingert ist im Alleinbesitz des Guts. Die Weine werden zum größten Teil halbtrocken bis süß ausgebaut, vor allem die Spätlesen und edelsüßen Gewächse zeigen eine enorme Fruchtigkeit mit einem duftenden Bukett. Selektive Lese, kühle Vergärung mit natürlichen Hefen und ein schonender Ausbau zur Erhaltung von Frucht, Frische und Aroma gehören auch bei Haart zum Qualitätsrepertoire.

Unsere Riesling-Favoriten
1999 Piesporter Kreuzwingert Riesling Spätlese **(C)**
1999 Piesporter Goldtröpfchen Riesling Kabinett **(B)**
1999 Piesporter Goldtröpfchen Riesling Auslese **(D)**

Heymann-Löwenstein

Bahnhofstraße 10
56333 Winningen
Tel. 0 26 06 / 19 19
Fax 0 26 06 / 19 09
weingut@heymann-loewenstein.com
www.heymann-loewenstein.com

Blaue Schieferböden sind für Reinhard Löwenstein ideale Bedingungen, um Rieslinge zu erzeugen. Die Weine zeigen eine enorme Dichte und viel Extrakt, vor allem die edelsüßen Gewächse sind geradezu von barocker Pracht. Das Potenzial an guten Lagen ist vorhanden, Löwenstein kann auf solch bekannte Weinberge wie Winninger Uhlen, Winninger Röttgen und Hatzenporter Stolzenberg zurückgreifen. Die Rieslinge aus dem Winninger Röttgen sind geprägt von üppigen Fruchtaromen, die immer wieder an weiße Pfirsiche und reife Melonen erinnern. Demgegenüber steht die konzentrierte, eher herbstliche Frucht des Winninger Uhlen mit seinem charakteristischen mineralisch-kernigen Nachhall.

Unsere Riesling-Favoriten
1999 Riesling Schieferterrassen **(B)**
1998 Riesling Winninger Röttgen Auslese Goldkapsel **(D/0,375 Liter)**

Weingut Carl Aug. Immich-Batterieberg

Im Alten Tal 2
56850 Enkirch
Tel. 0 65 41 / 8 30 50
Fax 0 65 41 / 83 05 16

Das Weingut kann auf eine fast 600-jährige Geschichte zurückblicken. In der heutigen Form besteht der Betrieb mit seinen historischen Gebäuden seit 1846. Derzeit werden rund 4,2 Hektar bearbeitet. Zu 100 Prozent gedeihen Rieslinge auf den steilen und fruchtbaren Schiefer-Verwitterungsböden entlang der Mosel. Dieser Schiefer, gepaart mit einem günstigen Mikroklima, alten wurzelechten Reben, geringen Erträgen, einer langen Reifephase und einer späten, selektiven Lese, sind die Basis für qualitativ hochwertiges Lesegut. Schonende Traubenverarbeitung, gezügelte kühle Vergärung verbunden mit ausgedehntem Hefelager, lassen im Weingut Immich-Batterieberg Weine mit einer fantastischen Aromenvielfalt entstehen.

Unsere Riesling-Favoriten
1999 Riesling-Hochgewächs trocken **(B)**
1999 Enkircher Batterieberg Riesling Spätlese **(C)**

Weingut Karlsmühle

Im Mühlengrund 1
54318 Mertesdorf-Lorenzhof
Tel. 06 51 / 51 24
Fax 06 51 / 5 61 02 96
anfrage@weingut-karlsmuehle.de
www.weingut-karlsmuehle.de

Peter Geiben gehört zu den Spitzenwinzern im Ruwertal. Jedes Jahr überzeugt er aufs Neue mit seinen feinfruchtigen und eleganten Rieslingen. Die fulminanten Auslesen und Eisweine suchen nah und fern ihresgleichen und gehören zweifelsohne zu den edelsten Gewächsen weit und breit. Nur 12,5 Hektar groß ist die Rebfläche, die Geiben im Familienbetrieb bewirtschaftet. An erster Stelle steht Riesling, der mit 11 Hektar den Löwenanteil einnimmt. Die Lagen Mertesdorfer Lorenzhöfer Mäuerchen und Mertesdorfer Lorenzhöfer Felslay sind Einzellagen, die nur vom Weingut Karlsmühle geführt werden dürfen. Vom ehemaligen Weingut Patheiger hat Geiben zusätzlich Spitzenlagen in Kasel gekauft, die unter separatem Etikett vermarktet werden.

Unsere Riesling-Favoriten
1999 Lorenzhöfer Riesling Kabinett trocken **(B)**
1999 Lorenzhöfer Riesling Spätlese **(B)**

Weingut Karthäuserhof-Tyrell

54292 Trier-Eitelsbach
Tel. 06 51 / 51 21
Fax 06 51 / 5 35 57

Die Weinberge des Karthäuserhofs zählen zu den Spitzenlagen der gesamten Region. Feinschiefrige, mineralische Verwitterungsböden in Steillagen bieten ideale Voraussetzungen. Rund 19 Hektar umfasst das Weingut, Riesling ist zu 90 Prozent die Hauptrebsorte. Christoph Tyrell und sein Kellermeister Ludwig Breiling sind für ihre extraktreichen und gehaltvollen Rieslinge weit über die Grenzen der Region bekannt. Die kräftigen Fruchtsäuren werden durch einen schonenden, reduktiven Ausbau im Edelstahltank erhalten. Feinrassige, säurebetonte, gut ausbalancierte Weine mit mineralischen Noten sind das Ergebnis dieser Maßnahme. Die Karthäuserhof-Rieslinge zeigen ein hohes Alterungspotenzial und lassen sich ohne Probleme auf Jahre lagern.

Unsere Riesling-Favoriten
1999 Riesling Spätlese trocken **(C)**
1999 Riesling Kabinett halbtrocken **(B)**
1999 Riesling Auslese **(C)**

Weingut Reichsgraf von Kesselstatt

Schloss Marienlay
54317 Morscheid
Tel. 0 65 00 / 9 16 90
Fax 0 65 00 / 91 69 69
weingut@kesselstatt.com
www.kesselstatt.com

Über 650 Jahre reicht die Weinbautradition zurück, die das Rittergeschlecht von Kesselstatt im 14. Jahrhundert begründet hat. Heute umfasst der Betrieb 55 Hektar. Ausschließlich Riesling wird in den steilen Weinbergen angebaut, kompromisslos achtet man auf höchste Qualität. Die Trauben werden stes mit der Hand gelesen und in modernen, pneumatisch arbeitenden Tankpressen auf schonendste Art und Weise gekeltert. Die Jungweine werden im Edelstahltank ausgebaut und nur mit natürlichen Hefen vergoren. Die Kesselstatt-Rieslinge zeichnen sich durch ihre gehaltvolle Struktur, die feinen Fruchtaromen und die mineralischen Noten aus.

Unsere Riesling-Favoriten
1999 Kaseler Nies'chen Riesling Kabinett trocken **(B)**
1999 Josephshöfer Riesling Spätlese **(C)**

Preisgruppen: A: unter 10 DM/5 €; **B:** 10–20 DM/5–10 €; **C:** 21–30 DM/10–15 €; **D:** 31–50 DM/15–25 €; **E:** über 50 DM/25 €

Weingut Schloss Lieser

Am Markt 1
54470 Lieser
Tel. 0 65 31 / 64 31
Fax 0 65 31 / 10 68

Thomas und Ute Haag haben erst vor einiger Zeit das Weingut Schloss Lieser übernommen. Die 7 Hektar große Rebfläche ist zu 100 Prozent mit Riesling bepflanzt, die Reben stehen auf blauem Schieferverwitterungsboden. Thomas Haag setzt bei seinen Weinen auf eine schonende Verarbeitung und baut sie im Edelstahltank und im Holzfass aus. Das Ergebnis sind sehr klare, filigrane und elegante Weine mit sehr präsenten Fruchtaromen und einer lebendigen Säurestruktur. Die Jahresproduktion von Schloss Lieser liegt bei 55 000 Flaschen, die Jahrgänge ab 1993 zählen durchgängig bis heute zu den großen Riesling-Jahren des Weinguts.

Unsere Riesling-Favoriten
1999 Schloss Lieser Riesling Spätlese trocken **(B)**
1999 Schloss Lieser Niederberg Helden Riesling Auslese **(C)**

Weingut Dr. Loosen

St. Johannishof
54470 Bernkastel-Kues
Tel. 0 65 31 / 34 26
Fax 0 65 31 / 42 48
vertrieb@drloosen.de
www.dr.loosen.de

Ernst Loosen setzt mit Erfolg auf Riesling, der zu hundert Prozent die 11 Hektar große Rebfläche des Weinguts bestimmt. Freilich kann der junge Winzer auf eine ganze Palette berühmter Lagen zurückgreifen: Erdener Treppchen, Wehlener Sonnenuhr, Ürziger Würzgarten, Erdener Prälat und Bernkasteler Lay sind die klangvollen Weinbergsnamen, in denen die Loosen-Weine wachsen. Von trocken bis edelsüß glänzen die Rieslinge mit einer dichten Struktur und einer wunderschönen, aromatischen Fruchtigkeit. Ernst Loosen und sein Kellermeister Bernhard Schug setzen bei der Behandlung der Weine auf schonende Methoden: »so wenig wie möglich« lautet die Devise. Die Jungweine vergären im traditionellen Holzfass oder im Edelstahl.

Unsere Riesling-Favoriten
1999 Blauschiefer Riesling trocken **(B)**
1999 Bernkasteler Lay Riesling Kabinett trocken **(B)**

Weingut Egon Müller

Scharzhof
54459 Wiltingen
Tel. 0 65 01 / 1 72 32
Fax 0 65 01 / 15 02 63

Die Rieslinge von Egon Müller sind wahre Meisterwerke und in ihrer Fruchtigkeit und dem verspielten Säurespiel kaum mehr zu übertreffen. Das weiß mittlerweile die ganze Weinwelt und die Weine sind international gefragt. Die produzierte Menge kann bei weitem nicht die Nachfrage befriedigen. Rund 8 Hektar ist das Gut groß, das bis auf zwei Prozent ausschließlich Riesling anbaut. Die großen Riesling-Weine kommen aus den Spitzenlagen Scharzhofberg und Braune Kupp, die mit ihren tiefgründigen Verwitterungsböden den Reben ausreichend Substanz bieten. Seit dem Tode von Egon Müller Senior leitet Egon Müller junior den Ausnahmebetrieb ganz im Sinne seines Vaters weiter, der sich um den deutschen Riesling verdient gemacht hatte.

Unsere Riesling-Favoriten
1999 Scharzhofberger Riesling Kabinett **(C)**
1999 Scharzhofberger Riesling Spätlese **(E)**

Weingut Joh. Jos. Prüm

Uferallee 19
54470 Bernkastel-Wehlen
Tel. 0 65 31 / 30 91
Fax 0 65 31 / 60 71

Dr. Manfred Prüm ist bei allem Erfolg ein bescheidener und sympathischer Mann geblieben. Seine Weine sind dagegen längst abgehoben und scheinen in ihrer Komplexität und Dichte wie von einem anderen Stern. Die Sonderklasse des Weinguts bestätigt sich in der ungebrochenen Nachfrage nach den edlen Riesling-Gewächsen. Neben dem reichlich vorhandenen Potenzial an guten Lagen – Wehlener Sonnenuhr, Graacher Himmelreich, Zeltinger Sonnenuhr und Bernkasteler Lay – ist es das kompromisslose, aber erfolgreiche Qualitätsstreben in Weinberg und Keller, das den Weinen ihren wunderbaren Charakter gibt.

Unsere Riesling-Favoriten
1999 Wehlener Sonnenuhr Riesling Kabinett **(B)**
1999 Graacher Himmelreich Riesling Spätlese **(C)**

Weingut S. A. Prüm

Uferallee 25
54470 Bernkastel-Wehlen
Tel. 0 65 31 / 31 10
Fax 0 65 31 / 85 55
info@sapruem.com
www.sapruem.com

Riesling pur hat sich Raimund Prüm auf die Fahne geschrieben. Und er kann auf die Spitzenlage Wehlener Sonnenuhr zurückgreifen, die zu den bekanntesten Weinlagen der Welt gehört. Alte Reben, teilweise 80 Jahre im Ertrag, holen mit ihren langen Wurzeln all jene Nährstoffe aus dem Urgestein des Bodens, die den Wein aus dieser Lage so extraktreich und schmackhaft machen. Ein bewusst reduzierter Ertrag erhält die herausragende Güte der Trauben. Ausschließlich naturnahe, organische Düngung und fachmännische Selektion bei der Lese sind für Prüm selbstverständlich. Gesundes Traubengut und schonende langsame Pressung stehen am Anfang des Ausbauprozesses. In den Eichenfässern vergärt der Most gemächlich und der entstehende Wein kann seine Aromenvielfalt entwickeln.

Unsere Riesling-Favoriten
1999 Wehlener Sonnenuhr Riesling Kabinett trocken **(B)**
1998 Wehlener Sonnenuhr Riesling Spätlese **(C)**

Weingut Schloss Saarstein

54455 Serrig
Tel. 0 65 81 / 23 24
Fax 0 65 81 / 65 23
schloss.saarstein@t-online.de
www.vinonet.com/saarstein

Seit 1986 führt Christian Ebert die Geschicke des Weinguts. Unterstützt wird er dabei von seiner Frau Andrea, die aus der fränkischen Winzerdynastie Wirsching in Iphofen stammt. Das Weingut verfügt über die Monopollage Serriger Schloss Saarstein und bewirtschaftet insgesamt 10,5 Hektar, davon sind allein 9,5 Hektar mit Rieslingreben bepflanzt. Die Einzellage Schloss Saarstein bietet für Riesling ideale Wachstumsbedingungen: ein steiler, von Süden nach Süd-West drehender Hang mit Schieferböden aus dem Devon. Die alten Rebstöcke müssen hier tief wurzeln, um dem kargen, steinigen Boden die notwendigen Mineralien zu entziehen. Die Weine von Schloss Saarstein sind gekennzeichnet durch eine kernige Säure, feine Frucht, Rasse und Eleganz.

Unsere Riesling-Favoriten
1998 Riesling trocken **(B)**
1999 Riesling Spätlese trocken **(C)**
1999 Riesling Auslese Goldkapsel **(D/0,375 Liter)**

Preisgruppen: A: unter 10 DM/5 €; **B:** 10–20 DM/5–10 €; **C:** 21–30 DM/10–15 €; **D:** 31–50 DM/15–25 €; **E:** über 50 DM/25 €

Weingut Willi Schaefer

Hauptstraße 130
54470 Graach
Tel. 0 65 31 / 80 41
Fax 0 65 31 / 14 14

Nachweislich betreiben seit 1590 alle Vorfahren von Willi Schaefer Weinbau, und auch die nachfolgende Generation ist mit Sohn Christoph gesichert. Der Betrieb bewirtschaftet rund 2,7 Hektar Weinberge mit 100 Prozent Riesling in den Graacher Spitzenlagen Domprobst und Himmelreich sowie kleinere Flächen in der Wehlener Sonnenuhr. Die extremen Steillagen haben eine Hangneigung von bis zu 70 Prozent und erfordern ein hohes Maß an Handarbeit. Die zum Teil 70 Jahre alten Reben wachsen auf mineralhaltigen Schieferböden und bringen Weine hervor, die besonders fruchtbetont, rassig und spritzig sind. Sie haben eine lange Haltbarkeit und präsentieren sich noch nach Jahren mit geschliffener Eleganz und viel Charakter.

Unsere Riesling-Favoriten
1999 Graacher Domprobst Riesling Spätlese trocken **(B)**
1999 Graacher Himmelreich Riesling Kabinett **(B)**
1999 Graacher Domprobst Riesling Auslese **(D)**

Weingut Selbach-Oster

Uferallee 23
54492 Zeltingen
Tel. 0 65 32 / 20 81
Fax 0 65 32 / 40 14
selbach.zeltingen@t-online.de
www.vinonet.com/selbach.htm

Seit rund zehn Jahren erlebt das Weingut Selbach-Oster einen stetigen Aufstieg in die Spitzengruppe der Mosel-Winzer. Zu den 12 Hektar Rebfläche gehören unter anderem die Spitzenlagen Zeltinger Sonnenuhr und Wehlener Sonnenuhr, beides berühmte Weinbergslagen mit Schiefer- und Schieferverwitterungsböden. Ausschließlich Riesling-Reben stehen in den Hängen von Johannes Selbach. Die Weine werden jeweils zur Hälfte fruchtig-süß und trocken bis halbtrocken ausgebaut. Die Verarbeitung des Traubenmaterials geht dabei sehr schonend vonstatten, mit minimalen Eingriffen. Bei der kontrollierten Gärung werden überwiegend wilde Hefen eingesetzt. Die Weine reifen im traditionellen Fuderfass und im Edelstahltank.

Unsere Riesling-Favoriten
1999 Zeltinger Sonnenuhr Riesling Kabinett trocken **(B)**
1998 Zeltinger Schlossberg Riesling Kabinett trocken **(B)**
1999 Zeltinger Sonnenuhr Riesling Spätlese **(C)**

Gutsverwaltung Schubert-Grünhaus

54318 Mertesdorf
Tel. 06 51 / 51 11
Fax 06 51 / 5 21 22
vonschubert@t-online.de
www.vonschubert.com

Der ehemalige Klosterbesitz mit seiner 34 Hektar großen Rebfläche – seit über 100 Jahren Eigentum der Familie von Schubert – ist eine gute Adresse für feinste Rieslinge von der Ruwer. Die Flaschen mit dem markanten Jugendstiletikett findet man aus diesem Grund auch fast lückenlos in der gehobenen Gastronomie. Denn was in einem echten Ruwer-Riesling steckt, zeigen die Grünhäuser Gewächse immer wieder aufs Neue.
Die edelsüßen Rieslinge, die eine unglaubliche Fruchtkonzentration aufweisen und dennoch nichts von ihrer Eleganz verlieren, gehören ohne Zweifel zu den Highlights an Mosel, Saar und Ruwer.

Unsere Riesling-Favoriten
1999 Maximin Grünhäuser Abtsberg Riesling trocken **(B)**
1999 Maximin Grünhäuser Herrenberg Riesling Eiswein **(E)**

Nahe – auf dem Sprung nach vorn

Unterhalb des Rotenfelsmassivs zwischen Bad Münster am Stein-Ebernburg und Norheim wachsen Reben auf steinigem Untergrund.

Der kleine Fluss Nahe, der bei Bingen in den Rhein fließt, hat dem Anbaugebiet seinen Namen gegeben. Im vielgewundenen Flusstal reichen die Rebhänge von der Mündung flussaufwärts bis kurz vor das Städtchen Kirn. Das Anbaugebiet besteht seit 1993 aus dem Bereich Nahetal, der in sieben Großlagen und 328 Einzellagen gegliedert wurde, und umfasst zirka 4600 Hektar Rebfläche.

Die Weine sind wegen der variierenden Bodenstruktur sehr vielfältig und von drei unterschiedlichen Terroirs geprägt: Im Norden durchziehen Schiefer und Grauwacken die Böden. Spritzige, rassige Weine wachsen hier in der Großlage Schlosskapelle rund um Bingen. Weiter südlich, in Richtung Bad Kreuznach, finden sich Sand, Mergel und Lehm. Hier kommen feinblumige und elegante Gewächse her. In einigen Bereichen hat der Boden einen hohen Lössanteil, auf dem vollmundige Weine wachsen.

Weiter westlich und nördlich der mittleren Nahe sind die Weine besonders blumig, nachhaltig und haben eine dezente Säure. Zwischen Bad Münster und Schlossböckelheim ist das Terroir vulkanischen Ursprungs, mit Porphyr durchsetzt und vor allem wasserdurchlässig. Die Weine aus diesen Böden zeigen viel Würze und feine mineralische Töne. Die Gewächse vom Oberlauf der Nahe vergleicht man oft mit den Moselweinen, am Unterlauf des Flusses spricht man dagegen von der Rheingauer Art.

Lange Zeit wurde die Mehrheit der Nahe-Gewächse lieblich ausgebaut. Heute werden in allen Teilgebieten der sieben Großlagen immer mehr trockene Weine produziert. Die spritzig rassigen Riesling-Weine, die im Anbau den Müller-Thurgau auf den zweiten Platz verdrängt haben, sind erstaunlich lange haltbar und haben auch nach einigen Jahren Lagerung nichts von ihrem frischen Geschmack verloren.

Klassifizierung

1997 hat der Verband der Prädikatsweingüter Nahe (VDP Nahe) eine neue und strenge Klassifizierung seiner Weine beschlossen: Lagennamen sind nur noch für Rieslinge zulässig, alle anderen Weine – auch solche aus Spitzenlagen – dürfen nur Orts- oder Gutsnamen tragen. Handlese ist vorgeschrieben, das Lesegut muss zu 100 Prozent aus der angegebenen Traubensorte stammen, der Höchstertrag ist auf 48 Hektoliter pro Hektar beschränkt und alle Weine müssen einer Blindverkostung gestellt werden.

Betriebsstruktur

Neben den großen renommierten Gütern bestimmen vor allem mittelständige Familienbetriebe die Weinszene an der Nahe. Fast die Hälfte aller Weine werden als Flaschenwein direkt von den Erzeugern verkauft. Winzergenossenschaften vermarkten etwa 20 Prozent der Jahresproduktion.

Jahrgangstabelle

Jahr	QbA	Kabinett	Spätlesen	Auslesen	Edelsüß
2000	gut bis mäßig	gut bis mäßig	gut bis mäßig	gut bis mäßig	gut bis mäßig
1999	gut	gut	gut	gut	gut
1998	hervorragend bis gut	hervorragend bis gut	hervorragend bis gut	hervorragend bis gut	hervorragend bis gut
1997	gut bis mäßig	gut	gut bis mäßig	gut	gut
1996	hervorragend bis gut	hervorragend bis gut	hervorragend bis gut	hervorragend bis gut	hervorragend bis gut

Zur Qualität der Jahrgänge:

(gelb) = hervorragend bis gut
(grün) = gut
(blau) = gut bis mäßig

Spitzengüter an der Nahe

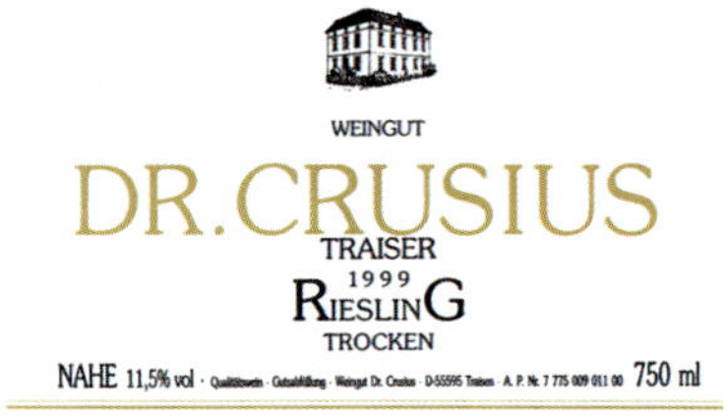

Weingut Dr. Crusius

Hauptstraße 2
55595 Traisen
Tel. 06 71 / 3 39 53
Fax 06 71 / 2 82 19
weingut-crusius@t-online.de
www.weingut-crusius.de

Von den 13,5 Hektar Rebfläche, die Dr. Peter Crusius bewirtschaftet, sind 70 Prozent mit Riesling bepflanzt. Neben Weinbergen in den Spitzenlagen Traiser Bastei, Traiser Rotenfels, Schlossböckelheimer Felsenberg, Norheimer Kirchheck und Niederhäuser Felsensteyer liegt das Erfolgsrezept von Dr. Crusius im qualitätsorientierten Arbeiten. Strenge Selektion bei der Weinlese und ein schonender Weinausbau im Holzfass oder im Stahltank sind dabei die Grundpfeiler. Die Weine zeigen enorm viel Mineralität und Frucht, gleichzeitig führt die reife Rieslingsäure zu einer guten Lagerfähigkeit. Die letzten fünf Riesling-Jahrgänge sind in allen Qualitätsstufen von gut bis hervorragend zu bewerten.

Unsere Riesling-Favoriten

1999 Traiser Riesling trocken **(A)**
1999 Traiser Rotenfels Riesling Spätlese **(B)**

Schlossgut Diel

Burg Layen
55452 Rümmelsheim
Tel. 0 67 21 / 9 69 50
Fax 0 67 21 / 96 95 94
armindiel@aol.com
www.schlossgut-diel.de

Armin Diel ist immer in Sachen Wein unterwegs: als Journalist, Weinkritiker oder VDP-Nahe-Vorsitzender. Daneben leitet er noch das eigene, rund 16 Hektar große Weingut, das seit fast 200 Jahren in Familienbesitz ist. Traditionsgemäß regiert Riesling auf Schlossgut Diel, wenngleich Armin Diel auch hervorragende Grau-, Weiß- und Spätburgunder auf die Flasche bringt. Ausgebaut werden die Riesling-Weine im Edelstahltank und im traditionellen Stückfass. Der weitaus größte Teil der Weine ist trocken ausgebaut, aber auch die fruchtsüßen und edelsüßen Rieslinge haben längst ihren Platz im Weingut. Zu den Spitzenlagen zählen Dorsheimer Goldloch, Dorsheimer Burgberg und Dorsheimer Pittermännchen.

Unsere Riesling-Favoriten

1999 Dorsheimer Goldloch Riesling Kabinett **(B)**
1999 Dorsheimer Burgberg Riesling Spätlese **(C)**

Weingut Hermann Dönnhoff

Bahnhofstraße 11
55585 Oberhausen
Tel. 0 67 55 / 2 63
Fax 0 67 55 / 10 67

Helmut Dönnhoff ist einer der ganz großen Riesling-Winzer in Deutschland und seine Weine sind weltweit geschätzt. Rund 12,5 Hektar bewirtschaftet er, davon sind 75 Prozent mit Riesling-Reben bestockt. Der Nahe-Winzer setzt bei seinen Rieslingen ganz auf den Ausbau im klassischen Eichenholzfass. Die Weine zeigen eine erstaunliche Säurestruktur, die sie zu ganz feinen und filigranen Gewächsen macht. Es gelingt Dönnhoff immer wieder, den Säurecharakter des Rieslings optimal herauszuarbeiten, ohne dabei die so empfindliche Balance zu stören. Die edelsüßen Weine zeigen eine komplexe Aromenvielfalt und eine kräftige Struktur.

Unsere Riesling-Favoriten

1999 Schlossböckelheimer Felsenberg Riesling Spätlese trocken **(C)**
1999 Oberhäuser Leistenberg Riesling Kabinett **(B)**
1999 Niederhäuser Hermannshöhle Riesling Auslese **(C)**

Weingut Emrich-Schönleber

Naheweinstraße 10 a
55569 Monzingen
Tel. 0 67 51 / 27 33
Fax 0 67 51 / 48 64
weingut@emrich-schoenleber.com
www.emrich-schoenleber.com

Die vom VDP Nahe intern klassifizierten Lagen Monzinger Frühlingsplätzchen und Monzinger Halenberg sind die beiden Spitzenlagen, aus denen das Weingut seine besten Rieslingweine holt. Die Reben stehen auf Gesteinsböden der so genannten »Waderner Schichten«, einer Unterformation des »Rotliegenden«. Hauptbestandteil sind unterschiedliche Schieferarten, der weitaus größte Flächenteil der insgesamt 14 Hektar Rebfläche besteht aus steilen Süd- bis Südwesthängen. Fast 80 Prozent der Rebfläche ist mit Riesling bestockt. Späte und selektive Handlese in Verbindung mit einer schonenden Traubenpressung sowie kühler Vergärung geben den Weinen einen feinblumigen, spritzigen, rebsortentypischen Fruchtgeschmack.

Unsere Riesling-Favoriten

1999 Monzinger Frühlingsplätzchen Riesling Kabinett trocken **(C)**
1999 Monzinger Halenberg Riesling Spätlese **(D)**

Weingut Kruger-Rumpf

Rheinstraße 47
55424 Münster-Sarmsheim
Tel. 0 67 21 / 4 38 59
Fax 0 67 21 / 4 18 82
kruger-rumpf@t-online.de
www.info@kruger-rumpf.com

Die Jahre 1996 bis 1998 waren für das Weingut ausgesprochen gute Rieslingjahre. Von rund 19,5 Hektar Rebfläche sind 12 Hektar mit Rieslingreben bestockt. Aus den alten Rebbeständen, die zum großen Teil auf Schieferböden stehen, holen Stefan Rumpf und sein Kellermeister Arno Becker überwiegend gehaltvolle trockene Weine, aber auch fruchtige finessenreiche Rieslinge. Der durchschnittliche Hektarertrag liegt bei 55 Hektoliter, die Weine werden reduktiv im Holzfass und Edelstahltank bei gezügelter Vergärung ausgebaut. Zu den Spitzenlagen des Betriebs zählen Münsterer Pittersberg, Münsterer Dautenpflänzer und Münsterer Kapellenberg.

Unsere Riesling-Favoriten

1999 Münsterer Pittersberg Riesling Kabinett trocken **(B)**
1999 Münsterer Dautenpflänzer Riesling Spätlese **(B)**

Prinz zu Salm-Dalberg'sches Weingut

Schloss Wallhausen
55595 Wallhausen
Tel. 0 67 06 / 94 44-0
Fax 0 67 06 / 94 44 11
salm.dalberg@salm-salm.de
www.salm-salm.de

Das Weingut des VDP-Präsidenten Michael Prinz zu Salm-Salm kann auf einige der besten Lagen zurückgreifen. Der Wallhäuser Johannisberg, das Wallhäuser Felseneck und der Roxheimer Berg zählen zu den Spitzenweinbergen im Anbaugebiet Nahe. Von den rund 12 Hektar Rebfläche sind 60 Prozent mit Riesling bepflanzt. Die fruchtigen Riesling-Weine aus dem Schlossgut verfügen in der Regel über eine spürbar stabile Säure, die sich ideal mit der Fruchtigkeit der Gewächse paart. Die edelsüßen Kreszenzen zeigen eine enorme Dichte und eine wunderschöne Komplexität der Aromen. Neben Riesling werden Müller-Thurgau, Silvaner und Burgundersorten im Weingut angebaut.

Unsere Riesling-Favoriten

1999 Wallhäuser Johannisberg Riesling QbA trocken **(B)**
1997 Wallhäuser Felseneck Riesling Spätlese halbtrocken **(B)**
1999 Roxheimer Berg Riesling Spätlese **(C)**
1999 Wallhäuser Johannisberg Riesling Auslese **(D)**

Rheinhessen – Qualität setzt sich durch

Rund 30 Prozent der gesamten landwirtschaftlichen Nutzfläche in Rheinhessen sind mit Reben bepflanzt. Jede vierte Flasche deutschen Weins stammt aus dem rund 26 500 Hektar großen Anbaugebiet. Nur drei Gemeinden gibt es in der weiten Region, die keinen Weinbau in ihren Gemarkungen haben. Dennoch kann man nicht von einer geschlossenen Weinlandschaft sprechen. Die gibt es nur an der sogenannten Rheinfront um Nierstein und Oppenheim, der qualitativen Speerspitze der Region. Hier wachsen auf Rotliegendem, Perlgestein und Tonschiefer einige der besten Rieslingweine. Ansonsten bestimmt Löss die Böden des weitläufigen Anbaugebiets.

Ein Name ist Programm: Der Rhein trennt die rheinhessischen Weinberge vom Nachbarbundesland Hessen.

Jahrzehntelang machte es die Sortenvielfalt fast unmöglich, ein eigenes Rheinhessen-Image aufzubauen. Über 30 verschiedene Rebsorten werden noch heute angebaut, in großen Lagen stehen bis zu 20 unterschiedliche Sorten. Aber es tut sich viel im riesigen Rebenmeer.
Eine junge Winzergeneration hat sich von der »süßen« Vergangenheit rheinhessischer Weine verabschiedet und produziert zunehmend trockene Gewächse. Die »Rheinhessen Selection« verlangt beispielsweise sortenreine, trockene Riesling-, Silvaner- oder Grauburgunderweine, die teilweise ohne Lagen- und Prädikatsbezeichnungen angeboten werden. Viele andere Winzer, die nicht an den genannten Marketingaktionen beteiligt sind, reduzieren drastisch die hohen Erträge, lesen selektiv mit der Hand und haben viel in eine moderne Kellertechnik investiert, um die geerntete Qualität auch auf die Flasche bringen zu können.

Die rote Erde war namengebend für die berühmte Niersteiner Lage »Roter Hang«.

Idylle: Rheinhessische »Trulli«, Weinbergshäuschen, prägen das Landschaftsbild.

Jahrgangstabelle

Jahr	QbA	Kabinett	Spätlesen	Auslesen	Edelsüß
2000					
1999					
1998					
1997					
1996					

Zur Qualität der Jahrgänge:

= hervorragend bis gut
= gut
= gut bis mäßig

Betriebsstruktur

Rund 8000 Winzerbetriebe gibt es in Rheinhessen, die wenigen Winzergenossenschaften vermarkten gerade einmal 3 Prozent der Gesamterntemenge. Dagegen werden zirka 65 Prozent des Weingeschäfts über den Weinhandel abgewickelt, etwa ein Drittel der Weine wird exportiert – auch nach Übersee.

Spitzengüter in Rheinhessen

Weingut Gunderloch

Carl-Gunderloch-Platz 1
55299 Nackenheim
Tel. 0 61 35 / 23 41
Fax 0 61 35 / 24 31
weingut@gunderloch.de
www.gunderloch.de

Fritz Hasselbach ist ein Riesling-Winzer, wie er im Buche steht. Ihm gelingt es Jahr für Jahr, Riesling die ganze Größe zu entlocken. Die Weine aus dem traditionsreichen Weingut, das mit Carl Zuckmayers Bühnenstück »Der Fröhliche Weinberg« auch Eingang in die Literatur gefunden hat, brauchen Zeit, aber es lohnt sich, zu warten. Vom trockenen Riesling bis zum edelsüßen Spitzenwein zeigen sich die Hasselbachschen Gewächse durchweg elegant, finessenreich, mit perfekt ausbalanciertem Süße-Säure-Spiel. Die großen Rieslingweine mit der mineralischen Note kommen sämtlich aus den Toplagen Nackenheimer Rothenberg und Niersteiner Pettenthal, deren Böden von rotem Tonschiefer geprägt sind.

Unsere Riesling-Favoriten

1999 Riesling Kabinett Jean Baptist **(B)**
1999 Riesling Auslese Drei Sterne **(D)**
1999 Nackenheimer Rothenberg Riesling trocken **(D)**

Freiherr Heyl zu Herrnsheim

Mathildenhof
Langgasse 3
55283 Nierstein
Tel. 0 61 33 / 5 70 80
Fax 0 61 33 / 57 08 80
info@heyl-zu-herrnsheim.de
www.heyl-zu-herrnsheim.de

Kellermeister Bernd Kutschick ist ein ausgesprochener Riesling-Fan. Ausgangsbasis für die Spitzenweine des renommierten Betriebs sind beste Lagen an der Rheinfront, im so genannten Roten Hang. Zu den besten Weinbergen zählt der »Niersteiner Brudersberg«, der sich im Alleinbesitz des Guts befindet. Mehr als die Hälfte der Weine werden trocken ausgebaut und zeigen ihr ganzes Potenzial erst nach einigen Jahren. Die rassigen Rieslinge aus den roten Schieferböden sind mineralisch geprägt und von einer eleganten, feinen Frucht. Gesundes Traubenmaterial, optimale Reife und schonende Verarbeitung sind die Garanten für Rieslinge, die sich ohne Probleme auch nach zehn Jahren noch strahlend im Glas präsentieren.

Unsere Riesling-Favoriten

1999 Rotschiefer Riesling Spätlese trocken **(C)**
1998 Nierstein Pettenthal Riesling »Erstes Gewächs« **(D)**

Weingut Keller

Bahnhofstraße 1
67592 Flörsheim-Dalsheim
Tel. 0 62 43 / 4 56
Fax 0 62 43 / 66 86

Seit Jahren glänzt das Weingut mit seinen edelsüßen Gewächsen. Dabei können Klaus Keller und sein Sohn Klaus Peter auf einen interessanten Boden zurückgreifen, der bis zu sechs unterschiedliche Gesteinsarten aufweist. Beide Winzer sind davon überzeugt, dass Qualität im Weinberg entsteht, entsprechend aufwendig werden die Rebstöcke gehegt und gepflegt. Moderne Technik und eine möglichst schonende Weiterverarbeitung des Traubenguts im Keller sorgt für finessenreiche und enorm fruchtige Rieslinge, die bei Auszeichnungen immer wieder die vorderen Ränge belegen. Insgesamt verfügt das Weingut über 12,8 Hektar Rebfläche, knapp die Hälfte davon ist mit Riesling-Reben bestockt. Die Kellers produzierten in den letzten Jahren fast die gesamte Qualitätspalette bis zum Eiswein.

Unsere Riesling-Favoriten

1999 Dalsheimer Hubacker Riesling trocken »G« **(C)**
1999 Dalsheimer Hubacker Riesling Spätlese **(D)**
1999 Dalsheimer Hubacker Riesling Auslese **(D/0,375 Liter)**

Preisgruppen: A: unter 10 DM/5 €; **B:** 10–20 DM/5–10 €; **C:** 21–30 DM/10–15 €; **D:** 31–50 DM/15–25 €; **E:** über 50 DM/25 €

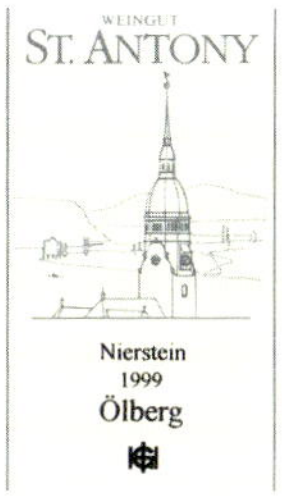

Weingut Sankt Antony

Wörrstädter Straße 22
55283 Nierstein
Tel. 0 61 33 / 54 82
Fax 0 61 33 / 5 91 39
St.Antony@t-online.de
www.st-antony.com

Den Namen St. Antony trägt das Weingut erst seit rund 15 Jahren, in Anlehnung an die erste Eisenhütte der MAN AG im Ruhrgebiet. Die ist nämlich Eigentümer des rund 23 Hektar großen Weinguts. Über die Hälfte der Anbaufläche ist mit Riesling-Reben bestockt. Verwalter Dr. Alex Michalsky kann dabei auf exponierte Lagen im Roten Hang zurückgreifen. So kommen auch die besten Weine des Guts aus dem Niersteiner Hipping und Niersteiner Pettenthal. Michalsky setzt in den Weinbergen auf eine möglichst naturschonende Bearbeitung. Die Lese erfolgt selektiv, ausschließlich per Hand. Die Weine vergären temperaturkontrolliert und kommen zur Reifung ins traditionelle Eichenfass.

Unsere Riesling-Favoriten
1999 Riesling trocken »Vom Rotliegenden« **(B)**
1999 Niersteiner Hipping Riesling Spätlese trocken **(C)**

Weingut Heinrich Seebrich

Schmiedgasse 3– 5
55283 Nierstein
Tel. 0 61 33 / 6 01 50
Fax 0 61 33 / 6 01 65
weingut.seebrich@t-online.de
www.weingutseebrich.de

Aushängeschild des Weinguts sind die Lagen im so genannten Roten Hang. In den Weinbergen im Niersteiner Hipping, Niersteiner Heiligenbaum, Niersteiner Ölberg und Niersteiner Rehberg wachsen auf rotem Tonschiefer zartsüße Rieslinge mit pikanter Säure. Aber auch die trockenen Gewächse aus der edlen Rebsorte können sich sehen und vor allem schmecken lassen. Insgesamt 10 Hektar groß ist das Weingut, davon sind rund 4 Hektar mit Riesling-Reben bestockt. Die Weine werden zum Teil im Holzfass ausgebaut, aber immer mehr hält auch der Edelstahl Einzug in die Keller des Weinguts. Rund 32 000 Flaschen Riesling verlassen jährlich den Betrieb.

Unsere Riesling-Favoriten
1999 Niersteiner Heiligenbaum Riesling Kabinett **(A)**
1998 Niersteiner Ölberg Riesling Spätlese **(B)**

Weingut Villa Sachsen

Mainzer Straße 184
55411 Bingen
Tel. 0 67 21 / 99 05 75
Fax 0 67 21 / 1 73 86
villa-sachsen@gmx.de

Auf etwas mehr als der Hälfte der 22 Hektar großen Anbaufläche baut das Weingut Villa Sachsen Riesling-Reben an. Zu seinen Spitzenlagen zählt der Binger Scharlachberg, aus dessen Böden Terroir-betonte Riesling-Weine kommen. Über Phylitt-Schiefer liegt Quarzit und schafft damit einen sehr nährstoffreichen Untergrund, dessen Gehalt an Eisenoxid den Boden beim Verwittern rot färbt. Wahrscheinlich hat der Scharlachberg seinen Namen diesem Vorgang zu verdanken. Das sorgsam in selektiven Lesegängen geerntete Traubengut wird in Edelstahltanks temperaturkontrolliert vergoren. Dadurch behalten die Weine ihren Sortencharakter und ihre zarten Fruchtaromen. Die letzten vier Jahrgänge zählt das Weingut zu seinen besten Riesling-Jahren der vergangenen Dekade.

Unsere Riesling-Favoriten
1999 Villa Sachsen Riesling QbA trocken **(A)**
1999 Binger Scharlachberg Riesling Spätlese **(B)**

Pfalz – die »Toskana« Deutschlands

In einem schmalen, nur sieben Kilometer breiten Landstrich erstreckt sich auf über 80 Kilometern der Pfälzer Traubengürtel vom südlichen Rand Rheinhessens bei Worms bis hin zur französischen Grenze. Fast 24 000 Hektar groß ist die Rebfläche, die Pfalz damit das zweitgrößte deutsche Weinbaugebiet. Die Rebzone läuft parallel zum Rhein, erreicht seine Ufer jedoch an keiner Stelle. Am Rande der Haardt, den hügeligen Ausläufern des Pfälzer Walds, ist das Klima mild und gibt diesem Landstrich einen fast südländischen Charakter. Hier wachsen in den windgeschützten Hängen Mandeln, Feigen und Zitrusfrüchte. Kein Wunder, dass sich hier auch Riesling wohl fühlt. Er führt mit 22 Prozent Anteil an der Gesamtrebfläche den Sortenspiegel des Anbaugebiets an. Vor allem die Mittelhardt ist Riesling-Land, hier findet man Betriebe mit einem Riesling-Anteil von über 80 Prozent.

Der fruchtbare, mit Löss, Buntsandstein, Muschelkalk, Mergel, Granit und Schieferton durchsetzte Boden spiegelt sich in all seinen Varianten im Charakter der Pfälzer Weine wider. Im Bereich der Südlichen Weinstraße wächst Riesling auf Lehm- und Lössböden. Das gibt den Weinen Kraft, sie schmecken saftig, harmonisch, sind durchaus säurebetont und erinnern an die nahen Elsässer Gewächse. Etwas weiter im Norden der Südlichen Weinstraße werden die Böden sandig und wasserdurchlässiger. Aus diesen Lagen kommen die eleganten und fruchtigen Weißweine der Pfalz. Der Bereich Mittelhardt/

Riesling gehört zu den Spitzenprodukten des berühmten Weinguts Müller-Catoir in Neustadt-Haardt.

Die »Toskana« Deutschlands ist ein landschaftlich reizvolles Anbaugebiet.

Deutsche Weinstraße umfasst eine Rebfläche von rund 11 000 Hektar. Die Böden bestehen zum größten Teil aus Sand und Lehm und sind etwas leichter und lockerer als an der Südlichen Weinstraße. Die Weine aus diesem Terroir sind in der Regel fruchtig und elegant. Bekannt für seine würzigen, extraktreichen Weine ist das Zellertal am Nordrand der Pfalz.

Die meisten Pfälzer Betriebe vermarkten ihren Wein zu gut einem Drittel direkt an den Endverbraucher und an die heimische Gastronomie. Die 26 Winzergenossenschaften verarbeiten Traubenmaterial von rund 5700 Hektar und bedienen mit ihren Weinen vorwiegend den Fach- und Lebensmittelhandel.

Lagen

Insgesamt gibt es in der Pfalz 25 Großlagen und 330 Einzellagen, die sich auf rund 150 Winzerorte verteilen.

Jahrgangstabelle

Jahr	QbA	Kabinett	Spätlesen	Auslesen	Edelsüß
2000	gut bis mäßig	gut bis mäßig	gut bis mäßig	gut bis mäßig	gut bis mäßig
1999	gut	gut	gut	gut	gut
1998	hervorragend bis gut	hervorragend bis gut	hervorragend bis gut	hervorragend bis gut	hervorragend bis gut
1997	gut	gut	gut	gut	gut
1996	gut	gut	hervorragend bis gut	hervorragend bis gut	hervorragend bis gut

Zur Qualität der Jahrgänge:

- (gelb) = hervorragend bis gut
- (grün) = gut
- (hellblau) = gut bis mäßig

Spitzengüter in der Pfalz

Weingut Geheimer Rat Dr. von Bassermann-Jordan

Kirchgasse 10
67142 Deidesheim
Tel. 0 63 26 / 60 06
Fax 0 63 26 / 60 08
hauck@bassermann-jordan.de
www.bassermann-jordan.de

Wenn es um Riesling geht, darf das Traditionsgut mit dem langen Namen nicht fehlen. Nicht nur, weil viele berühmte Männer aus dem Gut Weingeschichte geschrieben haben, sondern vor allem weil das 42 Hektar große Weingut Bassermann-Jordan quasi seit Jahrzehnten feinste Rieslinge auf die Flasche bringt. Grundvoraussetzungen dafür sind die besten Lagen, zu den denen solche Weinberge wie Forster Ungeheuer, Jesuitengarten, Pechstein, Deidesheimer Hohenmorgen und Kalkofen gehören. Hinzu kommt eine schonende Behandlung des Traubenguts und eine sorgsame Kellerwirtschaft. Das Ergebnis dieses qualitätsorientierten An- und Ausbaus sind feingliedrige Weine, strukturreich und fein-aromatisch.

Unsere Riesling-Favoriten
1999 Forster Jesuitengarten Riesling Spätlese trocken **(C)**
1999 Deidesheimer Kalkofen Riesling Spätlese trocken »Erstes Gewächs« **(D)**
1998 Forster Ungeheuer Riesling Auslese **(C)**

Weingut Dr. Bürklin-Wolf

Weinstraße 65
67157 Wachenheim
Tel. 0 63 22 / 9 53 30
Fax 0 63 22 / 95 33 30
bb@buerklin-wolf.de
www.buerklin-wolf.de

Schon im 18. Jahrhundert bauten Johann Peter Wolf und sein Sohn den Besitz zu einer der größten deutschen Domänen aus. Die Zeit internationaler Erfolge begann 1875 mit dem Eintritt des Vizepräsidenten des Deutschen Reichtages, Dr. Albert Bürklin, in das damalige Wolfsche Weingut. Er entwickelte das Gut zu einem Musterbetrieb für Qualitätsweinbau. Sein Großneffe gleichen Namens führte es ab 1924 zu weltweiter Anerkennung. Noch heute sind die Weine, die auf rund 85,5 Hektar Rebfläche erzeugt werden, Spitzenprodukte.
Die Hauptrebsorte Riesling wird auf 65 Hektar Rebfläche kultiviert. Das Weingut ist vor allem für seine trockenen und edelsüßen Gewächse bekannt.

Unsere Riesling-Favoriten
1999 Wachenheimer Riesling Kabinett trocken **(B)**
1999 Gaisböhl Ruppertsberg Riesling Spätlese trocken **(D)**

Weingut Reichsrat von Buhl

Weinstraße 16
67146 Deidesheim
Tel. 0 63 26 / 96 50 10
Fax 0 63 26 / 96 50 24
lucas@reichsrat-von-buhl.de
www.reichsrat-von-buhl.de

Der berühmteste Wein des traditionsreichen Betriebs ist sicherlich der Forster Ungeheuer. Daneben besitzt das Weingut aber auch noch andere Weinberge in exponierten Lagen wie etwa dem Deidesheimer Kieselberg, Forster Kirchenstück oder Ruppertsberger Reiterpfad.
Eine strikte Qualitätspolitik, beginnend im Weinberg, hat den Betrieb wieder mit in die Spitzengruppe der Pfälzer Weingüter geführt. Die Weine, zu knapp 90 Prozent Riesling-Gewächse, sind durchweg elegant mit typischen Riesling-Noten. Vor allem die Edelsüßen gehören zu den besten der Region.

Unsere Riesling-Favoriten
1999 Forster Pechstein Riesling Spätlese trocken **(B)**
1999 Deidesheimer Paradiesgarten Riesling Spätlese trocken »Erstes Gewächs« **(C)**
1999 Forster Ungeheuer Riesling Eiswein **(E)**

Preisgruppen: A: unter 10 DM/5 €; **B:** 10–20 DM/5–10 €; **C:** 21–30 DM/10–15 €; **D:** 31–50 DM/15–25 €; **E:** über 50 DM/25 €

Weingut Dr. Deinhard

Weinstraße 10
67146 Deidesheim
Tel. 0 63 26 / 2 21
Fax 0 63 26 / 79 20

Der Weinbergsbesitz umfasst mehr als 40 Hektar mit über 250 000 Rebstöcken und befindet sich hauptsächlich in den Gesteinsverwitterungs- und Lehm-Lössböden des Haardtrandes. Die parzellierten Weinbergsflächen, von denen Riesling rund 32 Hektar einnimmt, liegen im Bereich Mittelhaardt-Deutsche Weinstraße, in den besten Lagen der Gemeinden Deidesheim, Forst, Ruppertsberg, Mussbach und Gimmeldingen. Im Anbau befindet sich in den Qualitätslagen hauptsächlich Riesling, dessen Weine sich durch eine feine Würze, reiche Fruchtsäure und großes Spiel auszeichnen. Voraussetzung dafür ist eine schonende Verarbeitung der Trauben und eine temperaturgeführte langsame Gärung in den weiträumigen und tiefen Kellern des Weinguts.

Unsere Riesling-Favoriten
1999 Forster Ungeheuer Riesling Kabinett trocken **(B)**
1999 Deidesheimer Kalkofen Riesling Spätlese **(B)**

Weingut A. Christmann

Peter-Koch-Straße 43
67435 Gimmeldingen
Tel. 0 63 21 / 6 60 39
Fax 0 63 21 / 6 87 62
weingut.christmann@t-online.de

Vor über 150 Jahren wurde der Grundstein für das Weingut gelegt. Mit einem Anteil von zwei Dritteln an der Gesamtrebfläche von rund 14 Hektar steht Riesling eindeutig im Vordergrund. Vorwiegend trocken sind die Weine, die Steffen Christmann und sein Kellermeister Günter Braun auf die Flaschen bringen. Die feinwürzigen Gewächse sind längst als Spitzenweine etabliert. Die Eleganz und Frische der Riesling-Weine ergänzten sich harmonisch mit einem ansprechenden Säuregerüst. Christmann setzt bei der Ernte auf selektive Handlese, die Moste werden langsam temperaturgesteuert und kontrolliert vergoren. Zu den besten Jahrgängen der letzten zehn Jahre zählen die Weine von 1990, 1994, 1996, 1997 und 1998.

Unsere Riesling-Favoriten
1999 Ruppertsberger Nußbien Riesling Kabinett trocken **(B)**
1999 Königsbacher Ölberg Riesling Spätlese trocken **(C)**

Weingut Knipser

Johannishof
67229 Laumersheim
Tel. 0 62 38 / 7 42
Fax 0 62 38 / 43 77

Die Brüder Knipser gelten zwar als Rotweinpäpste, aber auch im Weißweinbereich haben sie ihre Verdienste. Werner Knipser ist ein Pionier für den Weißweinausbau im Barriquefass, selbst Rieslinge wurden von der Prozedur nicht verschont. Die Ergebnisse sind umstritten, aber letztendlich Geschmackssache. Dennoch sind die Knipser-Rieslinge sehr interessante Weine, die vorwiegend trocken ausgebaut werden. Die Weine zeigen eine erstaunliche Struktur und viel Kraft. Ein langer Nachhall macht sie zu einem unvergessenen Geschmacks-Erlebnis.

Unser Riesling-Favorit
1999 Riesling Auslese trocken **(C)**

Weingut Koehler-Ruprecht

Weinstraße 84
67169 Kallstadt
Tel. 0 63 22 / 18 29
Fax 0 63 22 / 86 40

Eine lange Gärung mit betriebseigenen Hefen und eine Reifung ausschließlich im Holzfass sind die Grundpfeiler für die Rieslinge von Bernd Philippi. Die restsüßen Gewächse werden erst nach acht Monaten auf Flaschen gefüllt, den trockenen Weinen verordnet Philippi sogar eine Ruhezeit von elf Monaten, bevor sie auf die Flasche kommen. Die besten Weine erntet er aus der Spitzenlage Kallstadter Saumagen, in deren Kleinklima die Rieslingtrauben zur vollen Reife gelangen. Philippis Rieslinge erinnern an einen barocken Stil und strotzen vor Kraft und Volumen. Allerdings brauchen die Weine meistens einige Zeit, bis sie ihren ganzen Charakter offenbaren. Dann aber zeigen sich wahre Meisterwerke der Riesling-Kunst.

Unsere Riesling-Favoriten

1999 Kallstadter Saumagen Riesling Kabinett trocken **(B)**
1999 Kallstadter Saumagen Riesling Spätlese trocken **(B)**
1999 Kallstadter Saumagen Riesling Auslese trocken **(D)**
1999 Kallstadter Saumagen Riesling Eiswein **(E)**

Weingut Müller-Catoir

Mandelring 25
67433 Neustadt/Weinstraße
Tel. 0 63 21 / 28 15
Fax 0 63 21 / 48 00 14

Wenn es um die Qualität seiner Weine geht, kennt Verwalter und Kellermeister Hans-Günter Schwarz kein Pardon. Strenger Rebschnitt im Winter, ergänzt durch eine von Jahr zu Jahr radikalere Ausdünnung im Sommer und eine immer weitergehende Ernteselektion in Form von handverlesenen Beeren, selbst für Kabinettweine, bringen am Ende nur kleine Erträge, aber dafür ein extraktreiches Traubengut mit auffälliger Säurestruktur und exotischen Fruchtaromen. Seit Jahrzehnten zählen die Weine zu den besten in Deutschland. 20 Hektar groß ist die Gesamtrebfläche, zirka 60 Prozent davon sind mit Rieslingreben bestockt. Die fruchtbetonten Rieslinge kommen vorwiegend aus den Spitzenlagen Haardter Bürgergarten, Gimmeldinger Mandelgarten und Haardter Herrenletten.

Unsere Riesling-Favoriten

1999 Haardter Bürgergarten Riesling Kabinett trocken **(B)**
1998 Haardter Bürgergarten Riesling Spätlese **(C)**

Weingut Pfeffingen

Weingut Fuhrmann-Eymael
67098 Bad Dürkheim
Tel. 0 63 22 / 86 07
Fax 0 63 22 / 86 03
pfeffingen@t-online.de

Das Weingut Pfeffingen liegt inmitten seiner bestens arrondierten Weinberge und wird im familiären, doch auf Kontinuität bedachten Stil geführt, immer mit dem Ziel, höchstmögliche Qualität in die Flasche zu bringen. Die Weinberge des rund 10 Hektar großen Weinguts ziehen sich westlich der Gebäude den Hang hinauf oder liegen unmittelbar um das Haus in flacheren, warmen und immer für Kabinettqualität guten Lagen. Hauptrebsorte ist mit über zwei Drittel der Anbaufläche Riesling, die im Herzen der Mittelhardt von ihren exzellenten Standorten profitiert. Die Weine aus Pfeffingen sind geprägt von niedrigen Hektarerträgen und einer späten Lese der vollreifen Trauben. Aromatische Klarheit, reife, saubere und saftige Frucht und ein eleganter Körper kennzeichnen sie.

Unsere Riesling-Favoriten

1999 Ungsteiner Weilberg Riesling Kabinett trocken **(B)**
1999 Ungsteiner Herrenberg Riesling Spätlese **(B)**

Preisgruppen: A: unter 10 DM/5 €; **B:** 10–20 DM/5–10 €; **C:** 21–30 DM/10–15 €; **D:** 31–50 DM/15–25 €; **E:** über 50 DM/25 €

Weingut Karl Schaefer

Weinstraße Süd 30
67098 Bad Dürkheim
Tel. 0 63 22 / 21 38
Fax 0 63 22 / 87 29
info@weingutschaefer.de
www.weingutschaefer.de

Rund um den bekannten Weinort Bad Dürkheim liegen die besten Lagen des Weinguts, das Mitte des 19. Jahrhunderts von Dr. Christian Schaefer gegründet wurde. Dem Riesling galt von Anfang an eine besondere Aufmerksamkeit, daran hat sich bis heute nichts geändert. Mehr als zwei Drittel der rund 17 Hektar großen Anbaufläche sind mit Riesling-Reben bestockt. Das reife und gesunde Traubengut wird schonend verarbeitet. Die Jungweine lagern im großen Holzfass und werden relativ spät auf die Flasche gezogen. Die charaktervollen Rieslinge zeigen eine harmonische Säure, die selbst im aktuellen Jahrgang angenehm weich erscheint.

Unsere Riesling-Favoriten
1999 Wachenheimer Gerümpel Riesling Kabinett trocken **(B)**
1999 Wachenheimer Gerümpel Riesling Spätlese trocken **(B)**

Weingut Weegmüller

Mandelring 23
67433 Neustadt-Haardt
Tel. 0 63 21 / 8 37 72
Fax 0 63 21 / 48 07 72
weegmueller-weine@t-online.de

Stefanie Weegmüller-Scherr steht seit Jahren ihre Frau im elterlichen Weingut. Die gelernte Winzerin hat sich längst einen Platz in der vinologischen Männerwelt erobert und überzeugt Jahr für Jahr aufs Neue mit hervorragenden Weinqualitäten. Mehr als 300 Jahre beschäftigen sich die Weegmüllers schon mit Weinbau, im Laufe der Jahre hat sich Riesling langsam aber sicher zum Favoriten entwickelt. Die Weinberge werden nach ökologischen Richtlinien bearbeitet, die Jungweine zum großen Teil im Holzfass ausgebaut. Die gehaltvollen Rieslinge überzeugen mit einer dichten Struktur und einer feinnervigen Eleganz. Vor allem aus den Haardter Spitzenlagen kommen Weine mit Potenzial und einem sehr guten Preis-Leistungs-Verhältnis.

Unsere Riesling-Favoriten
1999 Gutsriesling **(A)**
1999 Haardter Herrenletten Riesling Spätlese trocken **(B)**

Weingüter Geheimrat J. Wegeler Erben

Gutshaus Deidesheim
Weinstraße 10
67146 Deidesheim
Tel. 0 63 26 / 2 21
Fax 0 63 26 / 79 20
info@wegeler.com

Neben dem Betrieb im Rheingau und dem Weingut an der Mosel bewirtschaftet Familie Wegeler auch in der Pfalz ein Gut mit einer Rebfläche von 10 Hektar, die zu 90 Prozent mit Riesling-Reben bepflanzt sind. Die Jahresproduktion liegt bei rund 70 000 Flaschen, Spitzenlagen sind die berühmten Weinberge im Forster Ungeheuer und Deidesheimer Herrgottsacker. Die Weine werden sämtlich reduktiv im Edelstahl ausgebaut. Die besten Jahrgänge der letzten Dekade waren 1990, 1995, 1996 und 1999. Die Böden, die von Lehm und Löss durchzogen sind, bringen kräftige und würzige Weine hervor.

Unsere Riesling-Favoriten
1999 Forster Ungeheuer Riesling Spätlese **(Preis auf Anfrage)**
1999 Geheimrat Wegeler Erben Riesling Kabinett trocken **(Preis auf Anfrage)**

Alle Preiszuordnungen in diesem Buch beziehen sich, wenn nicht anders angegeben, auf den Verkauf ab Gut!

Franken – Riesling auf dem Vormarsch

Würzburg ist nicht nur Weinstadt, sondern auch architektonisches Kleinod. Bei einem Stadtrundgang begegnen dem Besucher Bauwerke aus dem Barock, dem Rokoko und der Gotik.

Riesling ist keine typische fränkische Rebsorte, dennoch gibt es im Frankenland durchaus Riesling-Gewächse, die es zu probieren lohnt. Das Herzstück des fränkischen Anbaugebiets befindet sich im Maindreieck in und um Würzburg. Hier findet man auf Muschelkalkböden einige der bekanntesten deutschen Weinberge, in denen auch Rieslingreben stehen: Würzburger Stein, Escherndorfer Lump und Randersackerer Pfülben.

Lagen
Entlang des Mains, von Aschaffenburg bis Haßfurt, erstreckt sich das 6000 Hektar große fränkische Weinbaugebiet. Obwohl der Rebanbau über ein weite Fläche verstreut ist, wurde das Weinland Franken mit seinen drei Bereichen, 23 Großlagen und 216 Einzellagen klar gegliedert.

Etwas weiter nördlich von Würzburg liegt an der fränkischen Saale das kleine Anbaugebiet um Hammelburg, das noch zum Maindreieck gezählt wird. Im Steigerwald bei Kitzingen stehen die Reben in den sonnenverwöhnten West- und Südhängen. Hier misst man die höchsten Mostgewichte der Region, besonders begünstigt sind die Weinberge an den südwestlichen Ausläufern der Höhenzüge bei Iphofen und Rödelsee. Dagegen ist das so genannte Mainviereck zwischen Aschaf-

fenburg und Miltenberg von Geologie und Klima unterschiedlich geprägt. An den steilen Hängen entlang des kleinen Flusses Kahl, wachsen einige der elegantesten fränkischen Rieslinge. Rund um Klingenberg, wo der rote Sandstein das Terroir durchzieht, gedeihen Weißweine mit einer spürbar markanten Säure.
Traditionell war Franken immer Silvanerland, das hat sich in den letzten Jahrzehnten grundlegend geändert. Heute kommt fast die Hälfte

Jahrgangstabelle

Jahr	QbA	Kabinett	Spätlesen	Auslesen	Edelsüß
2000					
1999					
1998					
1997					
1996					

Zur Qualität der Jahrgänge:

= hervorragend bis gut
= gut
= gut bis mäßig

Klima
Kontinentales Klima bestimmt das fränkische Anbaugebiet: Die Sommer sind in der Regel trocken und warm, was der Traubenreife besonders zugute kommt. Die kalten Frühjahrs- und Herbsttemperaturen können allerdings in den Weinbergen Frostschäden hervorrufen.

aller Frankenweine aus der Müller-Thurgau-Rebe. Kerner und Riesling rangieren auf den Plätzen drei und vier des Rebsortenspiegels. Die Ansprüche an die Qualität der Weine aus Franken sind streng. Nicht nur die Mindest-Grade für die Reife der Trauben liegen überdurchschnittlich hoch, auch stellen die fränkischen Winzer besondere Anforderungen an die Extrakt-Werte. Nur die hochwertigen Weine werden in den klassischen Bocksbeutel gefüllt.

Spitzengüter in Franken

Bürgerspital zum Hl. Geist

Theaterstraße 19
97070 Würzburg
Tel. 09 31 / 3 50 34 42
Fax 09 31 / 3 50 34 44
weinverkauf@buergerspital.de
www.buergerspital.de

Das Bürgerspital verfügt über eine Rebfläche von 112 Hektar und ist eines der ältesten und größten Weingüter Deutschlands. Auf rund 30 Prozent der Gesamtrebfläche sind Riesling-reben im Anbau, und das obwohl Riesling wegen seiner späten Reife in Franken nur einen geringen Anteil am Rebsortenspiegel hat. Allerdings verfügt das Bürgerspital über ausgezeichnete Lagen. Dazu gehören die Weinberge im Würzburger Stein, Würzburger Stein-Harfe, Würzburger Abtsleite und Randersackerer Teufelskeller. Rund 250 000 Flaschen Riesling verlassen jährlich die traditionsreichen Keller des Bürgerspitals, wo die Weine ihre Reifezeit im Holzfass verbracht haben. Trotz des Trends zu restsüßen Weinen werden immer noch 70 Prozent als trocken abgefüllt und verkauft.

Unsere Riesling-Favoriten

1999 Würzburger Stein Riesling Spätlese trocken **(C)**
1999 Randersackerer Teufelskeller Riesling Spätlese feinherb **(B)**
1999 Würzburger Stein Riesling Kabinett trocken **(B)**

Weingut Rudolf Fürst

Hohenlindenweg 46
63927 Bürgstadt
Tel. 0 93 71 / 86 42
Fax 0 93 71 / 6 92 30
Weingut-rudolf.fuerst@t-online.de

Paul Fürst hat sich eigentlich auf die Erzeugung von edlen Rotweinen spezialisiert, und die gelingen ihm hervorragend. Aber die Weißweinsorte Riesling hat er nie aus den Augen verloren. Auf seiner 15 Hektar großen Rebfläche nimmt Riesling immerhin einen Anteil von 16 Prozent ein. Die Weine werden vorwiegend trocken ausgebaut und überraschen immer wieder durch eine konzentrierte Frucht und ein angenehmes Säurespiel. Ganz so wie man es von einem großen Riesling erwartet. Auch im edelsüßen Bereich kann Fürst mit seinen Weinen glänzen. Komplexe Fruchtaromen mit exotischen Noten zeichnen diese Raritäten aus Bürgstadt aus.

Unsere Riesling-Favoriten

1999 Bürgstadter Centgrafenberg Riesling Kabinett trocken **(B)**
1999 Bürgstadter Centgrafenberg Riesling Eiswein **(E)**

Weingut »Am Lump«

Paul Sauer
Bocksbeutelstraße 60
97332 Volkach-Escherndorf
Tel. 0 93 81 / 90 35
Fax 0 93 81 / 61 35

Der »Escherndorfer Lump« ist wohl eine der drei besten Lagen Frankens – neben dem Würzburger Stein und Randersackerer Pfülben –, wenn es um Riesling geht. Die Weine sind auf diesem Terroir besonders durch das mediterrane Kleinklima der Spitzenlage geprägt. Das Weingut von Paul Sauer hat hier seine Riesling-Reben stehen. Von insgesamt 10 Hektar Rebfläche gehören rund 2 Hektar dem Riesling. Die Reben stehen auf steinigen Muschelkalkböden. Geringe Erträge durch einen konsequenten Rückschnitt liefern gesunde Trauben für gut strukturierte Weine. Sie sind sehr intensiv, körperreich und getragen von einem pikanten, fruchtigen Säurespiel. Die besten Rieslinge der vergangenen zehn Jahre kamen aus den Jahrgängen 1990, 1993, 1997 und 1999.

Unsere Riesling-Favoriten

1999 Escherndorfer Lump Riesling Kabinett trocken **(B)**
1998 Escherndorfer Lump Riesling Spätlese trocken **(B)**
1997 Escherndorfer Lump Riesling Auslese **(C)**

Preisgruppen: A: unter 10 DM/5 €; **B:** 10–20 DM/5–10 €; **C:** 21–30 DM/10–15 €; **D:** 31–50 DM/15–25 €; **E:** über 50 DM/25 €

Weingut am Stein

Ludwig Knoll
Mittlerer Steinbergweg 5
97080 Würzburg
Tel. 09 31 / 2 58 08
Fax 09 31 / 2 58 80
mail@weingut-am-stein.de
www.weingut-am-stein.de

Der Weg in das Weingut am Stein führt direkt an den Würzburger Stein, an den Beginn des Weinlehrpfades. Hier haben die bekanntesten und traditionellsten Frankenweine ihren Ruf begründet. Ludwig Knoll führt das Weingut in der fünften Generation und hat es 1990 von seinem Vater übernommen. Rund 13 Hektar groß ist der Betrieb, 2 Hektar davon sind dem Riesling vorbehalten. Zu den Spitzenlagen zählen die Würzburger Innere Leiste und der Stettener Stein. Knoll baut seine Rieslinge vorwiegend trocken aus, so wie es in Franken Tradition ist. Sie zeigen einen modernen Stil, sind fruchtbetont und haben ihren eigenen fränkischen Charme.

Unsere Riesling-Favoriten

1999 Würzburger Innere Leiste Riesling Kabinett trocken **(B)**
1999 Stettener Stein Riesling Auslese **(D)**

Staatlicher Hofkeller Würzburg

Residenzplatz 3
97070 Würzburg
Tel. 09 31 / 3 05 09 21
Fax 09 31 / 3 05 09 33
Hofkeller-Wuerzburg@t-online.de
www.hofkeller.de

Schöner kann ein Weingut eigentlich nicht beheimatet sein. Direkt unter der barocken Pracht der Würzburger Residenz liegen die weitläufigen und sehenswerten Keller, die der geniale Baumeister Balthasar Neumann entworfen hat. Rund 300 große Holzfässer, teilweise weit über hundert Jahre alt, liegen hier und sind noch immer im Gebrauch. Im Rebsortenspiegel des Hofkellers spielt Riesling zwar die erste Geige, macht aber insgesamt nur rund ein Viertel der angebauten Reben aus. Im klassischen Bocksbeutel kommen die Spitzenweine auf den Markt, die exponierte Lage für Riesling ist der Würzburger Stein.

Unsere Riesling-Favoriten

1999 Würzburger Stein Riesling Kabinett trocken **(B)**
1998 Würzburger Stein Riesling Eiswein **(E)**

Weingut Hans Wirsching

Ludwigstraße 16
97346 Iphofen
Tel. 0 93 23 / 8 73 30
Fax 0 93 23 / 87 33 90
wirsching@t-online.de
www.wirsching.de

In Franken gilt Riesling als Spezialität, die man durchaus zu schätzen weiß. Das Weingut Wirsching, längst eine fränkische Institution für Qualitätsweinbau, hat auf 12,5 Hektar seiner insgesamt 72 Hektar großen Anbaufläche die edle Weißweinsorte im Anbau. Das ergibt im Jahr rund 75 000 Flaschen, die längst ihre Freunde gefunden haben. Die besten Rieslinge kommen aus den Spitzenlagen Iphöfer Julius-Echter-Berg und Iphöfer Kronsberg. Eine strenge selektive Ernte sichert gesundes Traubengut für die Riesling-Weine. Die schonende Verarbeitung der Trauben und eine anschließend lange und kühle Vergärung erhalten den jungen Rieslingen die zarten, filigranen Fruchtaromen und die kernige Säure.

Unsere Riesling-Favoriten

1999 Iphöfer Julius-Echter-Berg Riesling Kabinett trocken **(B)**
1999 Iphöfer Julius-Echter-Berg Riesling Spätlese trocken »S« **(C)**
1999 Iphöfer Kronsberg Riesling Spätlese »S« **(C)**
1998 Iphöfer Julius-Echter-Berg Riesling Eiswein **(E)**

Baden – Riesling als Nischenprodukt

Genossenschaften und Kleinbetriebe

In Baden gibt es rund 120 Winzergenossenschaften, von denen der Badische Winzerkeller in Breisach mit Abstand der größte Betrieb ist. Rund 8000 Winzer liefern ihre Trauben in diese größte deutsche Kellerei. Neben den Genossenschaften, die den vielen kleinen Feierabendwinzern das Überleben sichern, stehen meist junge, aufstrebende Familienbetriebe, die badische Weine mit einem konsequenten Qualitätsweinbau in die vorderen Positionen geschoben haben.

Baden ist mit einer Rebfläche von 16 000 Hektar das drittgrößte und gleichzeitig das südlichste deutsche Anbaugebiet. Die Nord-Süd-Ausdehnung reicht von Wertheim am Main im Badischen Frankenland/Tauberfranken bis Immenstaad am Bodensee. Das Weinland verteilt sich auf acht Bereiche mit 16 Großlagen und 314 Einzellagen. Zu den bekanntesten Regionen gehört der Kaiserstuhl mit seiner 4500 Hektar großen Rebfläche und dem einzigartigen Kleinklima. Der vulkanische Boden verleiht den Kaiserstühler Weinen, vorwiegend Spätburgunder, Grauburgunder, Ruländer, Müller-Thurgau und Silvaner, viel Kraft, aber auch Eleganz und Schliff. Nur vereinzelt findet man hier Rieslingweine. Einige Spitzenbetriebe kultivieren dennoch die edle Weißweinsorte, vor allem im Bereich Ihringer Winklerberg gibt es empfehlenswerte Riesling-Gewächse.
In der Ortenau, in der fast nur Riesling und Spätburgunder angebaut werden, ernten die Winzer fast jedes Jahr die ganze Qualitätspalette bis hinauf zum Eiswein. Von Rastatt bis nördlich nach Wiesloch reicht der Bereich Kraichgau, der erst im Jahr 1996 geschaffen wurde. Hier führen Müller-Thurgau, Riesling, Weiß- und Grauburgunder den Rebsortenspiegel an. Die besten Weine wachsen auf den Lösshängen und schmecken besonders vollmundig und rassig. Die Badische Bergstraße, ein kleines Gebiet mit 430 Hektar Rebfläche, ist vor allem für seine rassigen Rieslinge bekannt, die auf den steilen Hängen mit Verwitterungsboden aus Urgestein wachsen.

Jahrgangstabelle

Jahr	QbA	Kabinett	Spätlesen	Auslesen	Edelsüß
2000					
1999					
1998					
1997					
1996					

Zur Qualität der Jahrgänge:

= hervorragend bis gut
= gut
= gut bis mäßig

Vom Kaiserstuhl, dessen vulkanische Böden die Reben mit Nahrung versorgen, stammen einige der elegantesten Rieslinge Badens. Als beste Riesling-Lage gilt der Ihringer Winklerberg.

Auf den sonnigen, nach Süden gerichteten Weinbergen des malerischen Örtchens Durbach in der Ortenau findet die Riesling-Rebe, die hier Klingelberger heißt, gute Wachstumsbedingungen.

Weingut Freiherr von und zu Franckenstein

Weingartenstraße 66
77654 Offenburg
Tel. 07 81 / 3 49 73
Fax 07 81 / 3 60 46
Weingut-franckenstein@t-online.de
www.germanwine.de/weingut/franckenstein

Rund 14 Hektar bewirtschaftet der Traditionsbetrieb, der auf eine fast 500-jährige Weinbaugeschichte zurückblicken kann. Fast 40 Prozent der Anbaufläche nimmt Riesling ein, gefolgt von klassischen Burgundersorten. Hubert Doll, Inhaber und Kellermeister in einer Person, setzt in seinem Betrieb auf einen möglichst schonenden Ausbau der Weine. Das Resultat kann sich sehen und vor allem schmecken lassen. Die filigranen Rieslinge überzeugen mit dezenten Fruchtaromen und einer ausbalancierten, harmonischen Säure. Die besten Riesling-Weine kommen aus der Spitzenlage Zell-Weierbacher Neugesetz und zeigen sich auch nach einigen Jahren noch in erstaunlich frischer Form.

Unsere Riesling-Favoriten

1999 Zell-Weierbacher Neugesetz Riesling Kabinett trocken **(B)**
1999 Zell-Weierbacher Neugesetz Riesling Spätlese trocken **(B)**

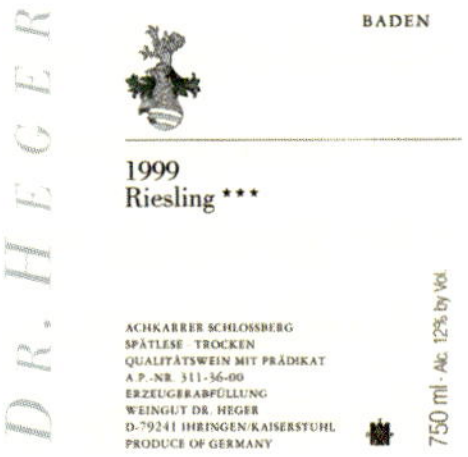

Weingut Dr. Heger

Bachenstraße 19 – 21
79241 Ihringen
Tel. 0 76 68 / 2 05
Fax 0 76 68 / 93 00
weingutdr.heger@t-online.de
www.heger-weine.de

Joachim Heger zählt sicherlich zu den größten deutschen Winzertalenten. Ein Viertel seiner 16 Hektar großen Rebfläche ist mit Riesling bestockt. Vor allem in den Spitzenlagen Ihringer Winklerberg, Freiburger Schlossberg und Achkarrer Schlossberg stehen Riesling-Rebstöcke und bringen aromatische Weißweine mit mineralischen Akzenten hervor. Die Rieslinge aus den leicht erwärmbaren Vulkanverwitterungsgesteinsböden am Ihringer Winklerberg zählen zu den besten der Region. Hegers edelsüße Weine strahlen durch eine komplexe Aromadichte, die sich in einer unaufdringlichen Süße wiederfindet. Auch im Weingut Fischer in Nimburg-Bottingen, das Heger vor einigen Jahren kaufen konnte, werden Rieslinge aus der Spitzenlage Nimburg-Bottinger Steingrube erzeugt.

Unsere Riesling-Favoriten

1999 Ihringer Winklerberg Riesling Kabinett trocken **(B)**
1997 Ihringer Winklerberg Riesling Spätlese trocken **(C)**
1998 Achkarrer Schlossberg Riesling Auslese **(D)**

Weingut Andreas Laible

Am Bühl 6
77770 Durbach
Tel. 07 81 / 4 12 38
Fax 07 81 / 3 83 39
www.weingut.laible.de

Andreas Laible ist Winzer mit Leib und Seele. Seine Angebotspalette umfasst Durbacher Weine von trocken bis lieblich. Über die Hälfte seines 6 Hektar großen Weinguts ist mit Riesling-Reben bestockt. Die Weine wachsen ausschließlich am Durbacher Plauelrain, einer bekannten Steillage. Hier kann nur von Hand gearbeitet werden, was am Ende der Qualität zugute kommt. Auf den felsigen Granitverwitterungsböden reifen an sonnigen Südhängen fruchtige und bukettreiche Riesling-Weine. In den letzten zehn Jahren bescherten fast alle Jahrgänge durchgängig Spitzen-Rieslinge in allen Qualitätsstufen. Die filigranen, feinfruchtigen und rassigen Gewächse haben das Weingut auch weit über die Grenzen der Ortenau hinaus bekannt gemacht.

Unsere Riesling-Favoriten

1999 Durbacher Plauelrain Riesling Kabinett trocken **(B)**
1999 Durbacher Plauelrain Riesling Spätlese **(B)**

Weingut Schloss Neuweier

Mauerbergstraße 21
76534 Baden-Baden
Tel. 0 72 23 / 9 66 70
Fax 0 72 23 / 6 08 64

Schloss Neuweier ist eines der wenigen badischen Weingüter, dessen Riesling-Anteil bei rund 85 Prozent liegt. Insgesamt umfasst die Rebfläche des Weinguts, das 1992 vom Ehepaar Joos übernommen wurde, 10 Hektar. Aus der steilen Einzellage Mauerberg kommen feine, filigrane Riesling-Weine, die zweifelsohne zu den besten in Baden gehören. Die mineralischen Töne und die schlanke Struktur der Weine zeigen deutlich, dass auch in südlichen Anbaugebieten große trockene Rieslinge wachsen können. Die besten Jahrgänge der letzten zehn Jahre waren 1996, 1998 und 1999.

Unsere Riesling-Favoriten

1999 Neuweierer Schlossberg Riesling trocken **(B)**
1999 Neuweierer Schlossberg Riesling Kabinett trocken **(B)**

Weingut Schloss Ortenberg

Am St. Andreas
77799 Ortenberg
Tel. 07 81 / 9 34 30
Fax 07 81 / 93 43 20
weingut-schloss-ortenberg@t-online.de

Das Weingut Schloss Ortenberg ist 1997 aus der Zusammenlegung der renommierten Weingüter Schloss Ortenberg und St. Andreas hervorgegangen. Mit einer Gesamtrebfläche von 42 Hektar ist Schloss Ortenberg das größte kommunale Weingut Deutschlands, das auch in der Qualität seiner Weinbergslagen und in der technischen Ausstattung einen Spitzenplatz einnimmt. Auf rund 11 Hektar wird Riesling angebaut, eine Erweiterung der Riesling-Fläche zu Lasten der Neuzüchtungen ist für die nächsten Jahre geplant. Zu den Toplagen zählt der Ortenberger Schlossberg, von dessen Böden auch die besten Riesling-Weine kommen. Sie werden ausschließlich ohne Lagennamen geführt, im Vordergrund steht die Sorte.

Unsere Riesling-Favoriten

1999 Riesling Selektion trocken **(C)**
1999 Riesling Spätlese trocken **(B)**
1998 Riesling Eiswein **(E)**

Weingut Stigler

Bachenstraße 29
79241 Ihringen
Tel. 0 76 68 / 2 91
Fax 0 76 68 / 9 41 20
weingut.stigler@t-online.de

Seit Gründung des Weinguts im Jahr 1881 bauen die Stiglers Riesling auf den Ihringer Vulkangesteinsböden an. Vor allem am Winklerberg, jener berühmten badischen Weinlage, ist er für Andreas Stigler die wichtigste Rebsorte. Die Weine, die im großen Holzfass schonend vergären und behutsam ausgebaut werden, zeichnen sich durch eine moderate Säure im Zusammenspiel mit einer Vielfalt von Fruchtaromen aus, deren Komplexität durch den vulkanischen Boden bedingt ist. Von seinen 8,5 Hektar Rebfläche hat Stigler gut ein Viertel mit Riesling-Reben bestockt. Daneben baut der badische Winzer vor allem Spätburgunder, Weiß- und Grauburgunder, Silvaner und Traminer an. Besonders die 1990er-Jahre waren für das Weingut Stigler von großen Riesling-Qualitäten geprägt.

Unsere Riesling-Favoriten

1998 Ihringer Winklerberg Riesling Spätlese **(B)**
1998 Ihringer Winklerberg Riesling Kabinett trocken **(B)**
1998 Ihringer Winklerberg Riesling Spätlese trocken **(C)**
1995 Ihringer Winklerberg Riesling Beerenauslese **(E)**

Württemberg – körperreiche Rieslinge

Die bizarren, zerklüfteten Muschelkalkfelsen der »Felsengärten« bei Hessigheim gehören zu den Naturschauspielen Württembergs. Riesling ist hier die wichtigste Weißweinsorte. Die Weine sind kräftiger als in den nördlicheren Anbaugebieten.

Im Anbaugebiet Württemberg hat Riesling einen Anteil von 23 Prozent an der Gesamtrebfläche, die rund 11 000 Hektar groß ist. Damit steht er gleichberechtigt neben der traditionellen Rebsorte Trollinger. Dennoch gibt es nur wenige Betriebe, die sich auf die Erzeugung von Spitzenrieslingen spezialisiert haben. In Württemberg bestimmen Genossenschaften den Markt und produzieren knapp 80 Prozent der gesamten Weinmenge eines Jahres. Der größte Teil bleibt im »Ländle« und wird von den Schwaben selbst getrunken. Neben der Zentralgenossenschaft gibt es allein 62 örtliche Genossenschaften, die ihre Gewächse über eigene Vinotheken und Verkaufsstellen vermarkten.

Jahrgangstabelle

Jahr	QbA	Kabinett	Spätlesen	Auslesen	Edelsüß
2000					
1999					
1998					
1997					
1996					

Zur Qualität der Jahrgänge:

= hervorragend bis gut

= gut

= gut bis mäßig

Das Weinbauzentrum Württembergs liegt zwischen Heilbronn und der Landeshauptstadt Stuttgart. Im württembergischen Unterland stehen auf rund 7000 Hektar fruchtbarem Keuperboden und Muschelkalk neben einem Großteil der Riesling-Reben auch Trollinger, Schwarzriesling und die hochwertigen Lemberger und Spätburgunder. Die Weine aus dem Neckartal sind für ihren leicht erdigen Ton bekannt, im Heilbronner Becken und in den Seitentälern gedeihen dagegen schlankere, elegante Weine. Im Raum Stuttgart stehen die Reben teilweise zwischen Wohn- und Geschäftsbereichen. Im bekannten Remstal wachsen auf südlichen Hängen fruchtige und körperreiche Trollinger, aber auch Spitzengewächse aus Rieslingtrauben, Kerner und etwas Silvaner.

Die terrassierten Steilhänge entlang des Neckars sind für die Winzer ein »hartes Stück Brot«.

Spitzengüter in Württemberg

Weingut Graf Adelmann

Burg Schaubeck
71711 Kleinbottwar
Tel. 0 71 48 / 66 65
Fax 0 71 48 / 80 36

Trotz der zunehmenden Bedeutung der Rotweinsorten spielt Riesling in Württemberg immer noch eine wichtige Rolle. Michael Graf Adelmann möchte, dass dies so bleibt und hat ein Drittel seiner 18 Hektar umfassenden Rebfläche mit der weißen Königssorte bestockt. Durch strikte Ertragsreduzierung und einen schonenden Ausbau verfügen seine Riesling-Weine über viel Frucht, Fülle und Finesse. Gut 90 Prozent der Weine werden im Edelstahl ausgebaut, die restlichen Gewächse reifen in großen Holzfässern. Rund 40 000 Flaschen Riesling erzeugt das Weingut auf der mittelalterlichen Burg Schaubeck. Spitzenlage für Riesling ist der Kleinbottwarer Süßmund mit seinen Keuper-Muschelkalk-Böden. Zu den besten Riesling-Jahrgängen zählen die Weine von 1990, 1993, 1997 und 1998.

Unsere Riesling-Favoriten

1999 Kleinbottwarer Süßmund Riesling Kabinett trocken **(B)**
1989 Kleinbottwarer Riesling Auslese »Brüssele'r Spitze« **(E)**

Weingut Beurer

Langestraße 67
71394 Stetten im Remstal
Tel. 0 71 51 / 4 21 90
Fax 0 71 51 / 4 21 90
info@weingut-beurer.de
www.weingut-beurer.de

Riesling wird nach Ansicht der Winzerfamilie Beurer in Württemberg etwas stiefmütterlich behandelt. Dabei ist sie für die Beurers die wichtigste und edelste weiße Sorte, die im Anbau steht. Immerhin ist knapp die Hälfte ihrer Rebfläche von 5,5 Hektar mit Riesling-Reben bepflanzt. Auf den vorwiegend von Keuper geprägten Böden wachsen körperreiche Rieslinge mit Struktur, Fülle und Eleganz, die in guten Jahren sehr lange lagerfähig sind. Im Keller führt Jochen Beurer Regie und lässt seine Jungweine meist bis Februar oder sogar März vergären. Die langsame, kühle Gärung erhält den Beurerschen Rieslingen die feinen Fruchtaromen, die sich später im Bukett wiederfinden. Zu den besten Lagen des Weinguts zählen die Weinberge im Stettener Pulvermächer und im Stettener Häder.

Unsere Riesling-Favoriten

1999 Stettener Häder Riesling Kabinett **(B)**
1999 Stettener Pulvermächer Riesling Spätlese trocken **(B)**
1999 Stettener Pulvermächer Riesling Auslese **(C)**

Schlossgut Graf von Neipperg

Schlossstraße 12
74193 Schwaigern
Tel. 0 71 38 / 94 14 00
Fax 0 71 38 / 40 07
neipperg@t-online.de

Seit Jahren gehört das renommierte Traditionsgut zur Spitze der Württemberger Weinszene und zählt vor allem in Sachen Riesling zu den Spitzenbetrieben. Die fruchtigen, eleganten Rieslinge wachsen vorwiegend in steilen Südlagen auf Keupergestein und Schilfsandstein-Verwitterungsböden. Zu den besten Lagen zählt das Weingut den Neipperger Schlossberg und die Schwaigerner Ruthe, beide Weinberge befinden sich im Alleinbesitz der gräflichen Familie. Neben Riesling steht vor allem Lemberger im Mittelpunkt des Schlossguts. Im eigenen Gutsausschank können alle Weine zusammen mit einer bodenständigen Küche verkostet werden.

Unsere Riesling-Favoriten

1999 Neipperger Schlossberg Riesling Kabinett trocken **(B)**
1999 Schwaigerner Ruthe Riesling Spätlese trocken **(B)**

Preisgruppen: A: unter 10 DM/5 €; **B:** 10–20 DM/5–10 €; **C:** 21–30 DM/10–15 €; **D:** 31–50 DM/15–25 €; **E:** über 50 DM/25 €

Weingut des Hauses Württemberg

– Hofkammerkellerei –
Schloss Monrepos
71634 Ludwigsburg
Tel. 0 71 41 / 22 10 60
Fax 0 71 41 / 22 10 62 60
weingut@hofkammer.de
www.hofkammer.de

Das Weingut kann auf eine über 300-jährige Tradition zurückblicken. Knapp die Hälfte der 40 Hektar großen Rebfläche ist mit der edlen Weißweinsorte bestockt, die den guten Ruf des Weinguts begründet hat. Zum Alleinbesitz des Betriebs gehört seit langer Zeit die berühmte Rieslinglage Stettener Brotwasser. Nicht minder bekannt sind der Maulbronner Eilfingerberg, der bereits vor mehr als 800 Jahren von Zisterziensermönchen angelegt wurde, und der Untertürckheimer Mönchberg. Die Moste werden kühl vergoren und im Edelstahl ausgebaut. Nur hochwertige Rieslinge liegen zur Reifung teilweise im traditionellen Holzfass. Die vorwiegend trocken ausgebauten Weine haben einen völlig eigenständigen und typischen Charakter, schmecken oft würzig und kräftig.

Unsere Riesling-Favoriten
1999 Untertürkheimer Mönchberg Riesling Auslese **(C)**
1999 Stettener Brotwasser Riesling Spätlese **(C)**
1999 Maulbronner Eilfingerberg Klosterstück Riesling Spätlese trocken **(C)**
1999 Asperger Berg Riesling Kabinett trocken **(B)**

Staatsweingut Weinsberg

Traubenplatz 5
74189 Weinsberg
Tel. 0 71 34 / 50 41
Fax 0 71 34 / 50 41 68
poststelle@lvwo.bwl.de
www.landwirtschaft-mlr.baden-wuerttemberg.de/la/lvwo

Vor mehr als 100 Jahren gegründet, ist das Staatsweingut Weinsberg bis heute ein wichtiger Bestandteil im weinbaulichen Ausbildungswesen Württembergs. Rund 40 Hektar bewirtschaftet das Weingut, die Weinberge liegen an den Süd- und Südwesthängen des württembergischen Unterlandes. Zu den Spitzenlagen zählen Gundelsheimer Himmelreich und die Lage Burg Wildeck. Neben Riesling, der rund 20 Prozent der Anbaufläche einnimmt, stehen vor allem rote Rebsorten im Ertrag. Ein naturnaher Anbau nach ökologischen Gesichtspunkten und ein relativ später Erntebeginn sorgen für gesundes und vollreifes Lesegut. Die ausdrucksvollen Rieslinge werden vor allem in großen Holzfässern ausgebaut.

Unsere Riesling-Favoriten
1999 Riesling trocken **(C)**
1999 Riesling Spätlese trocken **(B)**

Weingut Wöhrwag

Grunbacher Straße 5
70327 Stuttgart (Untertürckheim)
Tel. 07 11 / 33 16 62
Fax 07 11 / 33 24 31
hans-peter.woehrwag@t-online.de

Württemberg ist zwar kein ausgesprochenes Riesling-Land, aber was Hans-Peter Wöhrwag aus seinen Rieslingen auf die Flasche bringt, kann sich durchaus schmecken lassen. Immerhin hat Wöhrwag rund 40 Prozent seiner 17 Hektar großen Anbaufläche mit Riesling-Reben bestockt. Seine besten Weine kommen aus der Spitzenlage Untertürckheimer Herzogenberg, vor allem die edelsüßen Gewächse suchen ihresgleichen im Ländle. Von der fruchtigen Auslese bis zum komplexen Eiswein sind diese Riesling-Kreszenzen Top-Produkte. Voraussetzungen dafür sind Ertragsreduzierung durch selektive Handlese sowie temperaturkontrollierte Vergärung im Edelstahltank. Dort verbleiben die Weine bis zur Abfüllung im Frühjahr des darauffolgenden Jahres.

Unsere Riesling-Favoriten
1999 Untertürkheimer Herzogenberg Riesling Kabinett Goldkapsel **(B)**
1999 Untertürkheimer Herzogenberg Riesling Spätlese trocken **(C)**
1999 Untertürkheimer Herzogenberg Riesling Eiswein **(D)**

Frankreich – Riesling als Exot

Riesling war und ist in Frankreich eine Randerscheinung und wird ausschließlich in der Grenzregion Elsass kultiviert. Im dortigen kontinentalen Klima findet er die Bedingungen, die ihn zu einem anerkannten Spitzengewächs machen: sonnige, trockene und warme Sommer, dagegen kalte Winter.

Elsass – Erfolg mit Tradition

In der französischen Weinwelt gelten Rieslinge aus den Departements Haut-Rhin und Bas-Rhin als Exoten, die mit ihrem voluminösen Körper und der markanten Säure so gänzlich anders schmecken als die übrigen französischen Kreszenzen. Im Elsässer Riesling wird schmackhaft deutlich, wie sich das Elsass gegenüber dem restlichen Frankreich, aber auch dem deutschen Nachbar präsentiert: nicht Hundertprozent französisch, nicht Hundertprozent deutsch, eine Mischung von Geschichte, Kultur und Tradition mit einem eigenen, unverwechselbaren Charakter. Eben einfach elsässisch.

Viele der pittoresken elsässischen Städtchen sind Anziehungspunkt für Besucher – so auch Ribeauvillé.

Eingebettet zwischen den Bergzügen der Vogesen und den Höhen des Schwarzwalds, ziehen sich die elsässischen Rebhänge in den Departements Haut-Rhin und Bas-Rhin von Nord nach Süd auf fast 100 Kilometern. Die Bodenstrukturen aus Granit, Kalkstein, Gneis, Schiefer und Sandstein bieten ideale Voraussetzungen für die Kultivierung von Reben. Das halbkontinentale Klima bringt mit seinem sonnigen, warmen und trockenen Wetter gerade in den Monaten Mai bis Oktober viele Sonnenstunden, die der Traubenreife zugute kommen. Die langsame und verlängerte Reifezeit fördert die Entwicklung der feinen Aromen, lässt die Extraktwerte in den Beeren ansteigen und eine markante Säure entstehen. Eine relativ hohe Luftfeuchtigkeit im Herbst ermöglicht in guten Jahren eine späte Lese und begünstigt die Edelfäule. Nach einer bewegten Geschichte begann für den elsässischen Weinbau nach Ende des Zweiten Weltkriegs eine neue Ära.

Das elsässische Anbaugebiet in Zahlen
Das Elsass verfügt über eine Anbaufläche von rund 14 400 Hektar. Im jährlichen Durchschnitt werden 1,18 Millionen Hektoliter Elsässer AOC-Weine erzeugt, das entspricht rund 150 Millionen Flaschen. Es gibt rund 6000 Winzer.

Der Konkurrenzdruck der anderen französischen Weinbaugebiete, die längst zum Maßstab der Weinwelt geworden waren, löste im Elsass ein neues Qualitätsbewusstsein aus. Die Entscheidung gegen die Massenproduktion führte zur Aufgabe des Weinbaus in der Ebene. Dagegen behielten die besten Weinberge auf den Hügeln ihre traditionelle Bedeutung. Die konsequente Qualitätspolitik wurde mit der Begrenzung der ausgewiesenen Anbaufläche und der Festschreibung strenger Regeln für An- und Ausbau manifestiert. 1962 bekam die Region Elsass die Qualitätsbezeichnung AOC, »Appellation d'origine Contrôlée« zuerkannt. 1975 folgte die Appellation »Alsace Grand Cru« und 1976 die Appellation »Crémant d'Alsace«.
Neben den klassischen Sorten wie Gewürztraminer, Silvaner, Pinot blanc, Pinot gris, Muscat und Pinot noir ist Riesling mit einem Anteil von 3100 Hektar an der Gesamtrebfläche bis heute die meistangebaute Sorte. Der junge Elsässer Riesling zeigt oft ein blumiges Aroma, im Alter dominieren komplexe Aromen und mineralische Noten bei einer frischen, stahligen Säure und einer lebendigen Fruchtigkeit.

Noch heute zeugen Burgen (hier: Kaysersberg) von der einstigen Vorherrschaft des Adels im elsässischen Weinbau.

Jahrgangstabelle

Jahr	AOC Alsace	Alsace GrandCru	Vendanges Tardives	Sélections de Grains Nobles
2000	gut	gut	gut	gut
1999	gut	gut	gut	gut
1998	gut	gut	gut	gut
1997	hervorragend bis gut	hervorragend bis gut	hervorragend bis gut	hervorragend bis gut
1996	gut	gut	gut	gut

Zur Qualität der Jahrgänge: (gelb) = hervorragend bis gut
(grün) = gut
(hellgrün) = gut bis mäßig

Etikett
Alle Weine aus dem Elsass tragen – im Unterschied zu anderen französischen Weinbaugebieten – den Namen der Rebsorte, aus der sie gekeltert sind.

Die Jahrgänge im Überblick

2000 Die Ernte brachte durchschnittliche bis gute Qualitäten mit Parallelen zum Jahrgang 1999. Die Winzer konnten in der Regel auf ein gesundes Traubenmaterial zurückgreifen. Die Rieslinge zeigen sich sehr fruchtbetont und extraktreich mit einem stabilen Säuregerüst.

1999 Es wurde am Ende nicht der erwartete große Jahrgang, aber insgesamt konnten die Erzeuger recht zufrieden sein. Durchweg gab es gute und ausgewogene Qualitäten, die Weine verfügen in der Regel über recht hohe Zuckergehalte und versprechen auch noch nach Jahren einen ordentlichen Trinkgenuss.

1998 Ein guter bis sehr guter Jahrgang, der in allen Qualitätsstufen interessante Weine hervorgebracht hat. Die Spätlesen (Vendanges Tardives) und Auslesen (Sélections de Grains Nobles) überzeugen durch eine betonte Fruchtigkeit und hohe Extraktwerte.

1997 Hohe Mostgewichte und gute Erträge sorgten bei den Winzern für strahlende Gesichter. Auch die hohen Qualitäten, vielfach mit einer schönen Restsüße und einer spritzigen Fruchtigkeit, sind bereits gut zu trinken.

1996 Das Jahr war in seinem Vegetationsverlauf schwierig. Entsprechend unterschiedlich fiel auch die Ernte im Elsass aus, die den Winzern einen mittelmäßigen bis guten Jahrgang bescherte. Die ganz großen Qualitäten wurden in der Regel nicht geerntet, dafür gab es viele säurebetonte Weine, die noch ein paar Jahre Ruhe vertragen können.

Spitzengüter im Elsass

Jean Becker

4, route d'Ostheim
F-68340 Zellenberg
Tel. +33 / 3-89 47 90 16
Fax +33 / 3-89 47 99 57
Vinsbecker@aol.com

Das Weingut Becker ist ein echter Familienbetrieb. Die Geschwister haben sich die Arbeit geteilt: Martine hat den Vertrieb übernommen, ihr Bruder Jean-Philippe zeichnet für die Vinifikation der Weine verantwortlich. Was bei diesem Teamwork herauskommt, sind schlanke, elegante Weine, die in Holzfässern und modernen Stahltanks reifen. Die meist trockenen Gewächse überzeugen durch ihre spritzige Fruchtigkeit und einen finessenreichen Charakter. Von den 18 Hektar Gesamtrebfläche sind rund 22 Prozent mit Riesling-reben bestockt. Auf etwa vier Hektar betreiben die Beckers ökologischen Anbau, die Fläche soll in den nächsten Jahren noch erweitert werden. Die Rieslinge aus der Grand-Cru-Lage Froehn gehören zu den besten, die Familie Becker auf die Flasche bringt

Unsere Riesling-Favoriten
1998 Riesling Grand Cru Froehn **(B)**
1998 Riesling Grand Cru Schlossberg **(C)**
1997 Riesling Vendanges Tardives **(C/0,5 Liter)**
1998 Riesling Sélections de Grains Nobles **(E)**

Léon Beyer

2, rue de la 1ère Armée
F-68420 Eguisheim
Tel. +33 / 3-89 21 62 30
Fax +33 / 3-89 23 93 63
mb@leonbeyer.fr
www.beyer.fr

Trocken müssen die Weine sein, das ist die Maxime des Weinguts, das 1867 gegründet wurde, dessen Wurzeln aber bis ins Jahr 1580 zurückreichen. Die von einer bestechenden Mineralität geprägten Weine sind heute mehr denn je Klassiker und auf allen großen Karten der heimischen Gastronomie vertreten. In reifen Jahren zeigen die Weine einen beträchtlichen Alkoholgehalt und lassen etwas von der filigranen Eleganz vermissen, die Elsässer Rieslinge aus Top-Lagen ansonsten durchaus ins Glas zaubern. Dennoch: Rieslinge aus dem 20 Hektar großen Weingut haben ein unverkennbar stabiles Säuregerüst, viel Kraft und Struktur und sind erstaunlich lange lagerfähig. Die Spitzenweine stammen alle aus Grand-Cru-Lagen, die jedoch nicht auf dem Etikett erscheinen.

Unsere Riesling-Favoriten
1998 Riesling Les Ecaillers **(C)**
1998 Riesling Réserve **(B)**
1995 Riesling Vendanges Tardives **(D)**

Domaine Paul Blanck

32, Grand Rue
F-68240 Kientzheim
Tel. +33 / 3-89 78 23 56
Fax +33 / 3-89 47 16 45
info@blanck.com
www.blanck.com

Familie Blanck gehört einer echten Winzerdynastie an, die schon seit 1610 im Weinbau tätig ist. Rund 36 Hektar groß ist das Weingut in Kientzheim, das seit Jahrzehnten zu den Spitzenbetrieben im Elsass zählt. Optimale Qualität bei einem umweltverträglichen An- und Ausbau sind die Maxime der Blancks. Rund 30 Prozent der gesamten Rebfläche, zu der fünf Grand-Cru-Lagen gehören, sind mit Riesling-Reben bestockt. Die besten Riesling-Weine kommen aus den Lagen Schlossberg, Sommerberg und Furstentum, fruchtige Weine mit aromatischen Finessen und der ganzen Kraft des Terroirs. Probierenswert sind vor allem die Auslesen und Beerenauslesen, die mit einer dichten Struktur das ganze Potenzial der Riesling-Aromen zeigen.

Unsere Riesling-Favoriten
1997 Riesling Furstentum **(Preis auf Anfrage)**
1997 Riesling Sommerberg **(Preis auf Anfrage)**
1998 Riesling Schlossberg **(Preis auf Anfrage)**

Preisgruppen: A: unter 10 DM/5 €; **B:** 10–20 DM/5–10 €; **C:** 21–30 DM/10–15 €; **D:** 31–50 DM/15–25 €; **E:** über 50 DM/25 €

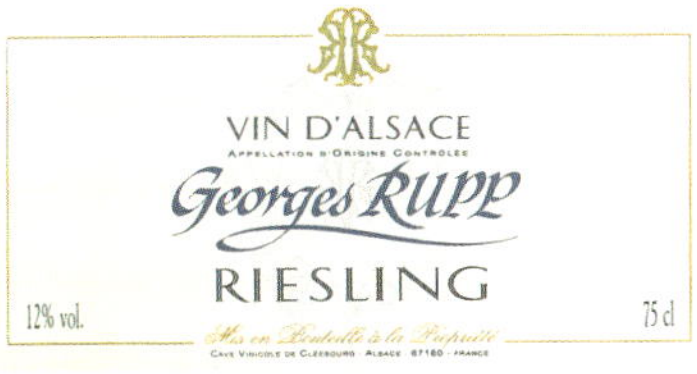

Cave Vinicole de Cleebourg

Route du Vin
F-67160 Cleebourg
Tel. +33 / 3-88 94 50 33
Fax +33 / 3-88 94 57 08
cave.cleebourg@wanadoo.fr
www.cleebourg.com

Die 1946 gegründete Winzergenossenschaft mit ihren 190 Mitgliedern ist die nördlichste im ganzen Elsass. Ganz in der Nähe von Wissembourg erstreckt sich das Cleeburger Weinbaugebiet, vorwiegend in süd-südwestlicher Hanglage. Der schwere, fette Lehmboden ergibt kräftige Weine mit einem starken Charakter und würzigen Aromen. Mit einer Jahresproduktion von 1,8 Millionen Flaschen zählt die Genossenschaft zwar nicht zu den ganz Großen der Region, aber aufgrund ihrer hohen Qualitätsanforderungen sind die Cleebourger Winzer bei Weinprämierungen immer vorne mit dabei. Insgesamt werden 175 Hektar bewirtschaftet, 26 Hektar sind ausschließlich mit Riesling-Reben bepflanzt. Die besten Riesling-Jahrgänge in den letzten zehn Jahren waren 1990, 1993, 1996 und 1999.

Unsere Riesling-Favoriten

1996 Riesling Hannesacker **(B)**
1998 Riesling Hospices de Strasbourg **(B)**
1997 Riesling Vieilles Vignes **(B)**

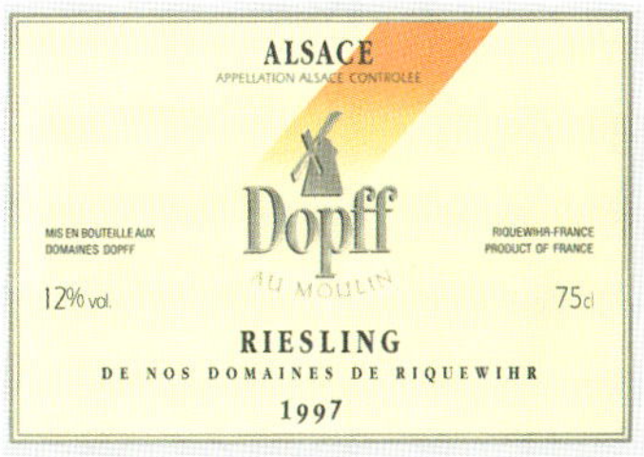

Dopff »Au Moulin«

F-68340 Riquewihr
Tel. +33 / 3-89 49 09 69
Fax +33 / 3-89 47 83 61
domaines@dopff-au-moulin.fr
www.dopff-au-moulin.fr

Die Geschichte des Hauses Dopff beginnt bereits Ende des 17. Jahrhunderts. Von Generation zu Generation wurde mit viel Liebe und großer Sorgfalt der gute Ruf der Dopff-Weine und die stolze Tradition der Familie bis auf den heutigen Tag begründet. Der Großteil der Weinberge erstreckt sich um das Städtchen Riquewihr. Die sanften Hügel, auf denen die Reben stehen, werden zu Recht »Belle-Côte« genannt. Die Riesling-Weine des Guts überzeugen mit einem delikaten Bukett und feinen Aromen. Rund 70 Hektar groß ist die Gesamtrebfläche, davon sind etwa 19 Hektar mit Riesling bestockt. Zu den Spitzenlagen zählt der Grand Cru Schoenenbourg Riquewihr, aus dem feinfruchtige Weine kommen. Die Weine werden bei kontrollierter Gärtemperatur im Holzfass ausgebaut.

Unsere Riesling-Favoriten

1990 Riesling Sélections de Grains Nobles **(D/0,5 Liter)**
1998 Riesling Vendanges Tardives **(D)**
1997 Riesling Grand Cru Schoenenbourg **(B)**

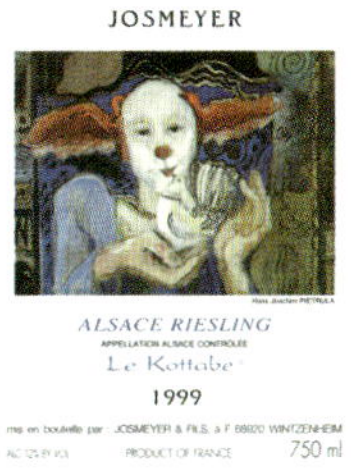

Josmeyer & Fils

76, rue Clemenceau
F-68920 Wintzenheim
Tel. +33 / 3-89 27 91 90
Fax +33 / 3-89 27 91 99
JOSMEYER@wanadoo.fr
www.josmeyer.com

Das Weingut Josmeyer wurde 1854 von Aloyse Meyer gegründet und wird derzeit vom Enkel des Gründers, Jean Meyer, geleitet. Familie Josmeyer bewirtschaftet eine Rebfläche von 28 Hektar, davon sind allein 8 Hektar mit Riesling-Reben bestockt. Zu den Riesling-Spitzenlagen zählen die Grand Cru Hengst und Grand Cru Brand. Die fruchtbetonten Weine, die vor allem das Terroir zum Ausdruck bringen, verfügen über ein hervorragendes Reifepotenzial, manche Grand Cru erreichen erst nach zehn Jahren ihren geschmacklichen Höhepunkt. Die Weine werden durchweg in Holzfässern ausgebaut, die zum Teil mehr als 100 Jahre alt sind.

Unsere Riesling-Favoriten

1999 Riesling Le Kottabe **(C)**
1999 Riesling Herrenweg **(C)**
1996 Riesling Les Pierrets **(D)**
1996 Riesling Grand Cru Hengst **(D)**
1995 Riesling L'Exception **(E)**

Alle Preiszuordnungen in diesem Buch beziehen sich, wenn nicht anders angegeben, auf den Verkauf ab Gut!

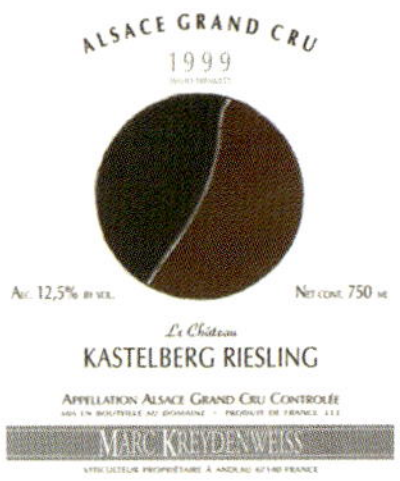

Domaine Marc Kreydenweiss

12, rue Deharbe
F-67140 Andlau
Tel. +33 / 3-88 08 05 83
Fax +33 / 3-88 08 41 16
marc.kreydenweiss@wanadoo.fr

Schlank, feinfruchtig und filigran sind die Rieslinge, die Marc Kreydenweiss in der Regel trocken ausbaut und die schon in ihrer Jugend erstaunlich ausbalanciert sind. Vor etwa 10 Jahren hat Kreydenweiss seinen Betrieb komplett auf biodynamische Bewirtschaftung umgestellt, von Chaptalisierung will er bis heute nichts wissen. Nur rund 12 Hektar Rebfläche umfasst das Weingut, davon sind etwas weniger als die Hälfte mit Riesling-Reben bepflanzt. Die besten Riesling-Weine kommen aus seinen Spitzenlagen Kastelberg, Wiebelsberg und Clos Rebberg. Bescheiden nennt Kreydenweiss nur die Jahre 1990 und 1997 als außergewöhnlich gute Riesling-Jahrgänge, aber längst sind auch die anderen Weine zu Klassikern avanciert.

Unsere Riesling-Favoriten
1997 Riesling Wiebelsberg Vendanges Tardives **(E)**
1998 Riesling Kastelberg **(E)**
1998 Riesling Clos Rebberg **(C)**
1998 Riesling Wiebelsberg **(D)**
1999 Riesling Andlau **(C)**

Domaine Albert Mann

13, rue du Château
F-68920 Wettolsheim
Tel. +33 / 3-89 80 62 00
Fax +33 / 3-89 80 34 23
vins@mann-albert.com
www.albertmann.com

Seit 1989 leitet Maurice Barthelme gemeinsam mit seinem Bruder Jacky das Weingut in der Nähe von Colmar. Die Rebfläche beträgt rund 12 Hektar, davon sind mehr als ein Drittel mit Riesling-Reben bepflanzt. Zu den Spitzenlagen des Betriebs zählen die berühmten Weinberge im Schlossberg, Furstentum, Altenbourg und Rosenberg. Die ton- und kalkhaltigen Böden verleihen den Weinen eine elegante Struktur und bestimmen die Feinheit und das stoffige Aroma der Gewächse. Ein naturnaher Anbau garantiert ein gesundes Traubengut. Im Keller verzichtet man bewusst auf Schönungsmittel und Anreicherungen. Die Gärung erfolgt temperaturgesteuert, ein Teil der Cuvées wird im Barrique ausgebaut. Spezialität der Domaine sind die feinen Riesling-Spätlesen und Auslesen.

Unsere Riesling-Favoriten
1997 Riesling Vendanges Tardives Altenbourg **(D)**
1997 Riesling Vendanges Tardives Rosenberg **(D)**
1998 Riesling Grand Cru Schlossberg **(C)**
1998 Riesling Cuvée Albert **(B)**
1999 Riesling Grand Cru Furstentum **(C)**

René Muré

Clos Saint Landelin
F-68250 Rouffach
Tel. +33 / 3-89 78 58 00
Fax +33 / 3-89 78 58 01
rene@mure.com
www.mure.com

Auf 22 Hektar Rebfläche hat sich René Muré hauptsächlich auf den Anbau von Gewürztraminer und Riesling spezialisiert. 100 000 Flaschen verlassen jährlich den Keller des Betriebs, ein Viertel davon sind Rieslingweine, die weit über die Grenzen des Elsass ihre Freunde gefunden haben. Die Spitzenlage des Weinguts ist der Clos Saint Landelin, eine der ältesten Grand-Cru-Lagen der Region. Hier wachsen auch die feinfruchtigen eleganten Rieslinge, die Muré sehr schonend im Holzfass ausbaut. Besonders erwähnenswert sind die Auslesen und Beerenauslesen, die mit einer enormen Dichte und einer ideal ausbalancierten Harmonie überzeugen. Sein bester Riesling-Jahrgang war sicherlich der 1998er, aber auch die Rieslinge aus anderen Jahren sind hervorragend.

Unsere Riesling-Favoriten
1998 Riesling Clos Saint Landelin Grand Cru Vorbourg **(C)**
1997 Riesling Vendanges Tardives Clos Saint Landelin Grand Cru Vorbourg **(E)**

Preisgruppen: A: unter 10 DM/5 €; **B:** 10–20 DM/5–10 €; **C:** 21–30 DM/10–15 €; **D:** 31–50 DM/15–25 €; **E:** über 50 DM/25 €

Cave Vinicole de Pfaffenheim-Gueberschwihr et Environs

5, rue du Chai BP 33
F-68250 Pfaffenheim
Tel. +33 / 3-89 78 08 08
Fax +33 / 3-89 49 71 65
cave@pfaffenheim.com
www.pfaffenheim.com

Die Rebfläche beträgt 233 Hektar, davon sind 41 Hektar mit Riesling bestockt. Die am höchsten prämierte Winzergenossenschaft Frankreichs liefert auch im unteren Preissegment überzeugende Weine. Der Ausbau erfolgt mit modernster Technik: Pneumatische Keltern pressen das Traubengut schonend, bevor der Most temperaturkontrolliert in Stahltanks vergoren wird. Trotz der Größe der Genossenschaft achten Kellermeister Michel Kueny und Betriebsleiter Alex Heinrich sehr genau darauf, der Individualität jeder Lage Ausdruck zu verleihen. Alle 220 Mitgliedsbetriebe lesen ihre Trauben von Hand. Zu den Spitzenlagen für Riesling-Weine zählen die Weinberge im Hatschbourg, Steinert, Zinnkoepfle und Goldert Rebgarten.

Unsere Riesling-Favoriten

1997 Riesling Cuvée Sainte Catherine Vendanges Tardives **(Preis auf Anfrage)**
1996 Riesling Grand Cru Zinnkoepfle **(Preis auf Anfrage)**
1995 Riesling Steinert Grand Cru **(Preis auf Anfrage)**

Domaine Gerard Weinzorn

133, rue des trois épis
F-68230 Niedermorschwihr
Tel. +33 / 3-89 27 40 55
Fax +33 / 3-89 27 04 23

Claude Weinzorn hat den relativ unbekannten Weinort Niedermorschwihr mit seinen Weinen quasi aus dem Dornröschenschlaf geweckt. Er gehört zu den jungen Entdeckungen der Elsässer Weinszene und ist ein wahrer Meister in Sachen Weißwein. Seine Rieslinge rangieren längst unter den Spitzengewächsen der Region, besonders die Weine aus den Grand-Cru-Lagen Brand und Sommersberg haben von sich reden gemacht. Sie verbinden auf geschmackvolle Weise Eleganz und Komplexität. Kein Wunder, denn der durchschnittliche Hektarertrag schwankt zwischen 25 und 55 Hektoliter. Etwa ein Viertel der insgesamt 8,5 Hektar großen Rebfläche sind mit den edlen Weißweinreben bestockt, jährlich verlassen rund 10 000 Flaschen mit feinstem Riesling den Weinzornschen Keller.

Unsere Riesling-Favoriten

1998 Riesling Grand Cru Sommersberg Vieilles Vigne **(D)**
1998 Riesling Grand Cru Brand **(B)**
1998 Riesling Grand Cru Sommersberg **(C)**

Domaine Zind-Humbrecht

4, route de Colmar
F-68230 Turckheim
Tel. +33 / 3-89 27 02 05
Fax +33 / 3-89 27 22 58

Das 40 Hektar große Weingut in dem kleinen, sehenswerten Städtchen Turckheim ist ein echter Elsass-Klassiker. Geringe Hektarerträge durch eine strikte Ertragsreduzierung schon im Anschnitt, der Verzicht auf Chaptalisierung und die Vergärung mit ausschließlich traubeneigenen Hefen sind ein Teil des Qualitätsrezepts von Olivier Humbrecht. Die Weine bekommen im Keller eine ausreichende Ruhe- und Reifezeit, die Abfüllung wird so lange wie möglich hinausgezögert. Die Spitzenweine, und dazu gehören auch die Rieslinge aus den Lagen Brand, Clos Windsbuhl, Clos Hauserer, Heimbourg und Herrenweg, bleiben am längsten im Fass. Dennoch brauchen gerade sie noch einige Jahre Zeit auf der Flasche, bevor sie sich vollständig öffnen und ihre ganze Komplexität zutage tritt.

Unsere Riesling-Favoriten

1999 Riesling Brand **(E)**
1999 Riesling Clos Windsbuhl **(E)**
1999 Riesling Heimbourg **(D)**

Österreich – Riesling at its best

Österreichs Weinlandschaften bieten beste klimatische und geologische Bedingungen für die Kultivierung hochwertiger Trauben – und dennoch rangiert das Land lediglich an 18. Stelle der Weltweinherstellung. Da lautet die Devise: klein, aber oho. Noch hat Österreich in Bezug auf Wein nicht den gleichen Bekanntheitsgrad wie andere europäische Länder. Aber längst ist der Weinskandal von 1985, als großangelegte Weinfälschungen aufflogen, überwunden und österreichische Weine sind international zunehmend gefragt. So auch die Toprieslinge aus den Spitzenlagen der Erzeuger, die bei großen Vergleichsverkostungen im Ausland viele Male als Sieger hervorgingen.

Die meisten österreichischen Weine werden im eigenen Land getrunken. In den Export in alle Welt kommen derzeit nur etwa 15 Prozent der gesamten Weinproduktion. Neben Grünem Veltliner zählt Riesling zu den wichtigsten weißen Rebsorten Österreichs. Im Jahr 2000 betrug die mit Riesling bestockte Rebfläche 3,39 Prozent, Tendenz weiter steigend.

Die traditionellen Riesling-Anbaugebiete liegen entlang der Donau, in der Wachau, im Krems- und im Kamptal; einen kleinen Anteil hält auch das Weinviertel. Wie kaum eine andere Sorte spiegelt Riesling perfekt das Terroir ihres Standorts wider, und die österreichischen Vertreter haben einen äußerst eigenständigen Charakter, der sie kaum vergleichbar macht mit deutschen oder elsässischen Gewächsen: mineralisch, dicht, meist trocken ausgebaut mit aromatischen, zuweilen exotischen Duftnoten. Wenn man einen Vergleich wagen sollte, dann am ehesten mit den Weinen aus dem Rheingau.

Die typischste Bodenformation in Riesling-Weinbergen ist das karge Urgestein aus Gneis, Granit oder Glimmer, das vor allem in der Wachau und im Kamptal zu finden ist und kleine Beeren mit intensivem Geschmack hervorbringt.

Heuriger
Ein Heuriger ist sowohl der Wein des aktuellen Jahrgangs, der vom 11. November bis zum 31. Dezember des Folgejahres ausgeschenkt werden darf, als auch die Weinschenke, die an ein Weingut angeschlossen ist.

Welschriesling
Die meistangebaute österreichische Rebsorte mit ihrem zart-duftigen Charakter ist nicht mit Riesling verwandt, auch wenn es der Name vermuten lässt.

Dürnstein und seine Spitzenlage »Kellerberg« sind weltberühmt.

Jahrgangstabelle

Jahr	QbA	Kabinett	Spätlesen	Auslesen	Edelsüß
2000	hervorragend bis gut	hervorragend bis gut	hervorragend bis gut	hervorragend bis gut	hervorragend bis gut
1999	hervorragend bis gut	hervorragend bis gut	hervorragend bis gut	hervorragend bis gut	hervorragend bis gut
1998	gut	gut	hervorragend bis gut	hervorragend bis gut	hervorragend bis gut
1997	hervorragend bis gut	hervorragend bis gut	hervorragend bis gut	hervorragend bis gut	hervorragend bis gut
1996	gut bis mäßig	gut bis mäßig	gut bis mäßig	gut bis mäßig	gut bis mäßig

Zur Qualität der Jahrgänge:

(gelb) = hervorragend bis gut
(grün) = gut
(grau-blau) = gut bis mäßig

Beste Riesling-Jahrgänge der letzten zehn Jahre:
1999, 1997, 1995, 1994, 1993, 1990

Die Jahrgänge im Überblick

Ried
Dieser Name bezeichnet in Österreich eine Einzellage. Sie darf nur dann auf dem Weinetikett genannt sein, wenn die Trauben ausschließlich in dieser Ried angebaut wurden.

2000 Wegen der anhaltenden Trockenheit im Frühjahr und einer nur kurzen Regenperiode im September und Anfang Oktober war die Erntemenge rund 10–15 Prozent niedriger als im Vorjahr. Die kühlen Oktobernächte förderten die Aromabildung der weißen Trauben in den Toplagen, sodass die Winzer gute Qualitäten einfahren konnten.

1999 Dem wechselhaften August folgte ein milder, sonnenreicher September, die Trauben reiften perfekt aus, und auch im Oktober ließ der Wettergott die Winzer nicht im Stich: warme Tage und kühle Nächte sorgten für ein extraktreiches Traubengut. Ein rundum geglückter Jahrgang.

1998 Der Jahrgang in Kürze: gute Qualitäten, Steigerung der Erntemenge im Vergleich zum grund des schlechten Herbstwetters. In jedem Fall ein Jahrgang, der die Spreu vom Weizen getrennt hat.

1997 Die schweren Fröste zum Jahreswechsel bescherten den Winzern in den ungeschützteren Lagen des Kamptals und der Wachau schwere Schäden in ihren Rebzeilen. Doch eine rasch abgeschlossene Rebblüte und ausreichende Niederschläge im Juni und im weiteren Sommer sorgten für eine positive Entwicklung der Trauben. Alles in allem aber ein wahrer Jahrhundertjahrgang.

1996 Erst im Oktober besserte sich das Wetter, und die Winzer, die ihre Trauben bis Anfang November hängen ließen, konnten gute Ergebnisse erzielen. Bei ihren Weinen waren die Säurewerte angenehm reduziert. Alles in allem kein brillanter Jahrgang, jedoch einer, der die Risikobereitschaft und den Einsatz der Winzer belohnte.

Wachau und Kremstal

In der Wachau, dem kleinsten Anbaugebiet von Niederösterreich, ist Riesling neben Grünem Veltliner die wichtigste Rebsorte. Rund 13,5 Prozent der gesamten Wachauer Rebfläche sind mit Riesling bestockt – bei einzelnen, international tätigen Weingütern liegt der Anteil sogar bei fast 50 Prozent. Vor allem die Smaragd-Rieslinge aus der Wachau haben bei internationalen Verkostungen mehrfach höchste Auszeichnungen erhalten. Das Anbaugebiet erstreckt sich vom Stift Melk im Westen bis nach Krems im Osten. Charakteristisch für die reizvolle Landschaft sind die an der Donau liegenden terrassierten Steillagen, die erahnen lassen, welch mühevolle Arbeit die Winzer in ihren Rieden zu leisten haben.

Gebietsschutz

Der 1983 ins Leben gerufene Schutzverband »Vinea Wachau Nobilis Districtus« hat für die Weine dieses Anbaugebiets drei Kategorien eingeführt, um ihre Einzigartigkeit zu betonen: Steinfeder (leicht, spritzig), Federspiel (elegant, mittelgewichtig) und Smaragd (kraftvoll, reif).

Wie Riesling sich bettet

Rieslingtrauben lieben die kargen Böden der Wachau; der Weinstock muss auf ihnen besonders tief wurzeln, um an Nährstoffe zu gelangen. Das Zusammenspiel von Klima, Urgesteinsböden und entsprechender Weinbergspflege ist verantwortlich für die Entstehung finessenreicher, fruchtiger, dichter und rassiger Rieslinge, die in den besten Jahren ein unglaublich langes Lagervermögen haben.

Das Kremstal schließt direkt an die Wachau an und umfasst Lagen beiderseits der Donau rund um die Stadt Krems. Vor allem im westlichen Teil des Tals gedeihen auf kristallinen Urgesteins- und lockeren Lösshängen neben Grünem Veltliner feinwürzige, frische Rieslinge. Richtung Osten ist auch Lössboden zu finden, doch ist er vielfach von Schotter- oder Sand durchsetzt. Der Charakter der Weine, die aus diesen Lagen stammen, ist deshalb ganz anders. Sie sind kräftiger und körperbetonter.

In Weißenkirchen an der Donau befindet sich einer der ältesten Riesling-Weinberge Österreichs, die Lage »Ritzling«.

Spitzengüter in Wachau und Kremstal

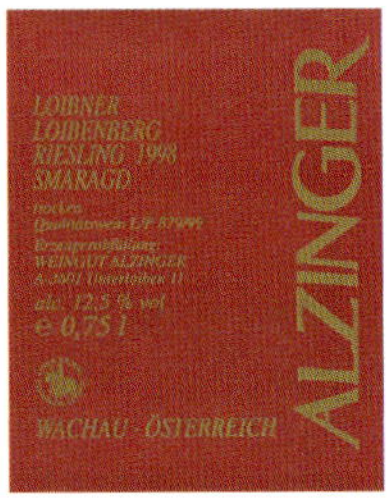

Weingut Leo Alzinger

A-3601 Unterloiben 11/Wachau
Tel. +43 / 27 32-7 79 00
Fax +43 / 27 32-7 79 00

Die Weine aus Leo Alzingers Topprieden haben bei diversen Verkostungen für Furore gesorgt. Man sollte sie allerdings nicht zu jung genießen, da sie sich in der Flasche recht langsam entwickeln. Die Smaragd-Rieslinge wandern alle zum weiteren Ausbau ins große Holzfass, die niedrigeren Qualitätsstufen werden im Stahltank ausgebaut. Überhaupt sind die höheren Prädikatsstufen nicht unbedingt Alzingers Ziel. Ihm liegt viel mehr am Finessenreichtum seiner Weine, die mit entsprechender Säure ausgestattet sein sollen. Bestes Beispiel für die säurebetonte Variante sind seine Rieslinge aus dem Loibenberg, die ein gutes Lagerpotenzial besitzen. Der schönste Riesling aus Alzingers Kollektion ist mit Sicherheit der Steinertal, der aufgrund seiner Dichte und Vielschichtigkeit jedes Jahr aufs Neue besticht.

Unsere Riesling-Favoriten
Riesling Loibenberg Smaragd **(C)**
Riesling Steinertal Smaragd **(C)**
Riesling Höhereck Smaragd **(C)**

Freie Weingärtner Wachau

A-3601 Dürnstein 107/Wachau
Tel. +43 / 27 11-3 71
Fax +43 / 27 11-3 71 13
office@fww.at
www.fww.at

Unter Leitung von Franz Miesbauer und Rainer Wess werden in der Genossenschaft Weine aus den Spitzenlagen der Wachau ausgebaut. Größten Wert legt man darauf, dass die Trauben ausschließlich aus Rieden der Mitgliedsbetriebe stammen. Ihre Rebfläche beläuft sich auf 600 Hektar, von denen 110 Hektar auf Riesling entfallen. Seit einigen Jahren setzen die Weingärtner auf den Ausbau lagenreiner Weine, auf sorgsame, selektive Ernte und äußerst schonende Weiterverarbeitung im Keller mit temperaturkontrollierter Vergärung im Edelstahltank. Nach Gründung der Schutzgemeinschaft »Vinea Wachau Nobilis Districtus« konnten sie eigene Bezeichnungen für die Wachauer Weine durchsetzen: Heute sind die Kategorien Steinfeder, Federspiel und Smaragd fester Bestandteil im österreichischen Weingesetz.

Unsere Riesling-Favoriten
Terrassen Thal Wachau Riesling Smaragd **(B)**
Weißenkirchner Achleiten Riesling Smaragd **(C)**
Loibner Loibenberg Riesling Smaragd **(C)**
Spitzer Tausend-Eimer-Berg Riesling Smaragd **(C)**
Dürnsteiner Kellerberg Riesling Smaragd **(D)**

Weingut Josef M. Högl

Viessling 31
A-3620 Spitz/Wachau
Tel. und Fax +43 / 27 13-84 58
weingut.hoegl@weinserver.at

Inhaber Josef Högl bewirtschaftet in seinem 5,5 Hektar großen Betrieb rund 2,8 Hektar Rieslingflächen. Seine Trauben stammen zum einen aus den schwer zu bewirtschaftenden terrassierten Steilhängen im Spitzer Graben, zum anderen kauft Högl Traubengut aus Loibner Lagen hinzu, um die gestiegene Nachfrage nach seinen Weinen befriedigen zu können. Fast die Hälfte seiner Jahresproduktion besteht aus Riesling, und es gelingt ihm jedes Jahr aufs Neue, die Unterschiede zwischen den einzelnen Terroirs in seinen Weinen herauszuarbeiten: Während die Vießlinger Weine aus der kühleren Toplage Bruck eher elegant sind und ein feines Fruchtaroma besitzen, zeichnen sich die Rieslinge aus den wärmeren Loibner Rieden durch ihren korpulenten, üppigen Charakter aus.

Unsere Riesling-Favoriten
Riesling Terrassengärten Loiben Smaragd **(C)**
Riesling Ried Bruck Smaragd **(D)**
Riesling Loibner Visionen Smaragd **(D)**

Preisgruppen: A: unter 10 DM/5 €; **B:** 10–20 DM/5–10 €; **C:** 21–30 DM/10–15 €; **D:** 31–50 DM/15–25 €; **E:** über 50 DM/25 €

Weingut Josef Jamek

A-3610 Joching 45/Wachau
Tel. +43 / 27 15-22 35
Fax +43 / 27 15-22 35 22

Josef Jamek, seit 1996 im Ruhestand, zählt zu den Revolutionären der österreichischen Weinszene. Sein Gut wird heute von Schwiegersohn Hans Altmann und Tochter Jutta geführt. Riesling nimmt fast die Hälfte der bestockten Rebfläche von 25 Hektar ein und zählt zu den Hauptsorten des Gutes. Die Vergärung der Weine erfolgt ausschließlich im Edelstahltank, der weitere Ausbau für fünf Monate im Holzfass. Den ersten sorten- und lagenreinen Riesling des Hauses, der zudem nicht aufgezuckert war, kelterte Jamek 1960 mit Trauben aus der Ried Klaus. Noch heute wachsen in dieser Urgesteinslage feinste Rieslingbeeren, die dem Wein eine zarte, finessenreiche Art verleihen.

Unsere Riesling-Favoriten
Riesling Ried Klaus Smaragd **(D)**
Riesling Zwerithaler Smaragd **(D)**
Riesling Freiheit Smaragd **(D)**

Weingut Emmerich Knoll

A-3601 Unterloiben 10/Wachau
Tel. +43 / 27 32-7 93 55
Fax +43 / 27 32-79 35 55

Die Rieslinge von Emmerich Knoll bestechen durch ihre intensive Frucht und Würze und besitzen zuweilen etwas Restsüße, was sie ungemein harmonisch wirken lässt. Ertragsreduzierung und hohe Mostgewichte sind oberstes Gebot im Weingut, ebenso wie die Tatsache, dass man nur bei perfekter Weinbergspflege ebensolche Weine erzeugen kann. Dem Riesling widmet Emmerich Knoll gut die Hälfte seiner gesamten Anbaufläche. Primus inter pares ist sicherlich der Riesling Schütt, der von einer ausdrucksstarken Frucht geprägt ist. Eine stahlige, rauchige Variante stammt vom oberen Teil des Loibenbergs, die Weine aus dem unteren Teil der Lage sind dagegen stärker fruchtbetont. Bestechend ist auch die Lage Pfaffenberg, deren Rieslinge fast an rote Früchte erinnern und einen eher blumigen Charakter haben.

Unsere Riesling-Favoriten
Riesling Schütt Smaragd **(D)**
Riesling Kellerberg Smaragd **(D)**
Riesling Loibenberg Smaragd **(D)**
Riesling Loibenberg Federspiel **(B)**
Riesling Pfaffenberg Kabinett **(C)**

Weingut Malat

Lindengasse 27
A-3511 Furth bei Göttweig-Palt/
Kremstal
Tel. +43 / 27 32-8 29 34
Fax +43 / 27 32-8 29 34 13
weingut@malat.at
www.malat.at

Technik-Freak und Tüftler Gerald Malat setzt auf computergesteuerte, temperaturkontrollierte Vergärung im Stahltank, vergisst darüber hinaus jedoch nicht, dass die Qualitätsarbeit bereits im Weinberg beginnt und konzentriert sich bei der Weinbergspflege auf naturnahe Richtlinien. Von seinen insgesamt 35 Hektar Rebfläche hat er 6 der Rebsorte Riesling gewidmet, die auf den Urgesteinsverwitterungsböden seiner Spitzenlagen Steinbühel und Silberbühel wächst. Sie bringt fruchtige und mineralische Weine hervor, bei denen die Säure perfekt eingebunden ist. Für besondere Furore sorgen immer wieder Malats Weine aus der Linie »Das Beste«, für die er ausgewähltes, ausgesprochen reifes Traubengut verwendet, das Weine mit feinsten Aprikosen- und Honigaromen ergibt.

Unsere Riesling-Favoriten
Riesling Steinbühel **(C)**
Riesling Silberbühel **(C)**
Das beste vom Riesling **(E)**
Riesling Trockenbeerenauslese **(E)**

Weingut Martin und Christine Nigl

Priel 7
A-3541 Senftenberg/Kremstal
Tel. +43 / 27 19-26 09
Fax +43 / 27 19-2 60 94

Martin Nigls Riesling-Reben in den kargen Kremstaler Urgesteins-Verwitterungsböden bringen fruchtbetonte Weine mit einem zarten Aroma nach Aprikosen, Pfirsichen und Stachelbeeren hervor und haben innerhalb weniger Jahre die Qualitätsleiter österreichischer Weine erklommen. Nigl versteht es perfekt, den Lagencharakter der einzelnen Rieden in jedem Wein herauszuarbeiten und ihm dadurch einen eigenständigen Charakter zu verleihen. Während die Rieslinge, deren Trauben rund um die Stadt Krems wachsen, aufgrund des hier vorherrschenden Lössbodens wesentlich opulenter sind, haben die Senftenberger Tropfen durch das Urgestein etwas mehr Eleganz und zarte Fruchtaromen.

Unsere Riesling-Favoriten
Privat Riesling **(D)**
Hochäcker Riesling **(D)**
Goldberg Riesling **(C)**
Kremsleiten Riesling **(C)**
Senftenberger Piri Riesling **(C)**

Weingut F. X. Pichler

A-3601 Oberloiben 27/Wachau
Tel. +43 / 27 32-8 53 75

F. X. Pichler gehört mittlerweile zu den Starwinzern Österreichs. Die Hälfte seiner 10 Hektar ist mit Riesling bestockt. Dabei führen vor allem die Weine aus den Dürnsteiner Weinbergslagen Steinertal und Kellerberg jedes Jahr aufs Neue die österreichische Riesling-Hitliste an. F. X. Pichler baut seine Steinfeder- und Federspiel-Weine zumeist in Edelstahltanks aus, die höhere Qualitätsstufe Smaragd kommt in großen Jahren für einige Zeit ins Holzfass. Absolutes Highlight unter seinen Weinen sind die raren Produkte aus der Linie »M« (steht für »monumental«). Hierfür verwendet er nur feinstes Traubengut, und auch der elegante »Unendlich« trägt seinen Namen völlig zu Recht: ein Wein mit Nachklang ohne Ende. Leider sind Pichlers-Weine immer rasch ausverkauft, sodass eine frühzeitige Reservierung empfehlenswert ist.

Unsere Riesling-Favoriten
Riesling Smaragd Kellerberg
(Preis auf Anfrage)
Riesling Smaragd Loibner Berg
(Preis auf Anfrage)
Riesling Smaragd Steinertal
(Preis auf Anfrage)
Riesling Smaragd Von den Terrassen
(Preis auf Anfrage)

Weingut Rudolf Pichler

A-3610 Wösendorf 38/Wachau
Tel. +43 / 27 15-22 67
Fax +43 / 27 15-2 26 74

Junior Rudi Pichler hat sich unter den Wachauer Spitzenwinzern etabliert. Seine charaktervollen Weißen werden im Edelstahltank vergoren und später teilweise in Holzfässern ausgebaut. Der Most wird nicht künstlich aufgezuckert oder entsäuert, etwas natürliche Restsüße ist aber durchaus im Sinne des Winzers. Interessant ist es, in Pichlers Rieslingen die Unterschiede zwischen den einzelnen Riesling-Lagen zu erschmecken. Während der Achleithen von mineralischen Tönen geprägt ist, präsentiert sich der Kirchweg mit kräftigen Fruchtaromen.

Unsere Riesling-Favoriten
Riesling Achleithen Smaragd **(E)**
Riesling Kirchweg Smaragd **(D)**

Preisgruppen: A: unter 10 DM/5 €; **B:** 10–20 DM/5–10 €; **C:** 21–30 DM/10–15 €; **D:** 31–50 DM/15–25 €; **E:** über 50 DM/25 €

Weingut Prager

A-3610 Weißenkirchen 48/Wachau
Tel. +43 / 27 15-22 48
Fax +43 / 27 15-25 32
prager@weissenkirchen.at
www.weingutprager.at

Franz Prager und sein Schwiegersohn Anton Bodenstein haben sich zu rund 75 Prozent auf die Erzeugung von Rieslingen spezialisiert. Ihre Weinberge befinden sich in den besten Dürnsteiner und Weißenkirchener Lagen und werden nach ökologischen Gesichtspunkten bearbeitet. Prager war nicht nur Mitbegründer des Winzerverbandes »Vinea Wachau Nobilis Districtus«, sondern kämpfte gemeinsam mit Josef Jamek und Franz Hirtzberger senior für die Durchsetzung durchgegorener Weine. Anton Bodenstein gehört der jungen Winzergeneration an, die verstärkt auf den Ausbau im Edelstahltank setzen und auf Weine mit leichter Restsüße.

Unsere Riesling-Favoriten
Riesling Smaragd Klaus **(D)**
Riesling Smaragd Achleiten **(D)**
Riesling Smaragd Steinriegl **(D)**
Riesling Smaragd Kaiserberg **(D)**
Riesling Smaragd Hollerin **(D)**

Weingut Franz Proidl

Oberer Markt 5
A-3541 Senftenberg/Kremstal
Tel. +43 / 27 19-24 58
Fax +43 / 27 19-2 45 84

Neben dem Grünen Veltliner konzentriert sich Franz Proidl vor allem auf Riesling aus den mineralischen Granit-Gneis-Verwitterungsböden rund um Senftenberg. Auf diesen terrassierten Hängen mit ihren trocken-kargen Böden findet er die besten Wachstumsbedingungen. Proidl setzt in seinem Weingut konsequent auf Qualität mit strikter Ertragsbeschränkung auf 30 Hektoliter pro Hektar, selektive Lese und langsame Vergärung. Seine Mühe zahlt sich aus: Bereits mehrfach konnten die Rieslinge bei Vergleichsverkostungen neben hochdekorierten Tropfen bestehen. Proidls Spezialitäten entstammen vor allem der im Alleinbesitz befindlichen Urgesteinslage Ehrenfels, die unterhalb der Burgruine Senftenberg liegt und erst vor einigen Jahren unter größten Mühen neu kultiviert wurde.

Unsere Riesling-Favoriten
Senftenberger Steilheit Riesling Qualitätswein **(B)**
Senftenberger Rameln Riesling Kabinett **(B)**
Senftenberger Ehrenfels Riesling Qualitätswein **(C)**
Senftenberger Pfennigberg Riesling Qualitätswein **(C)**

Weingut Undhof – Erich Salomon

Undstraße 10
A-3504 Krems-Stein/Kremstal
Tel. +43 / 27 32-8 32 26
Fax +43 / 27 32-8 32 26 78
salomon@undhof.at
www.undhof.at/salomon/

Erich Salomon ist nicht nur wegen Renovierung und Ausbau des Klosters Und zu einer Begegnungsstätte für Wein & Kultur berühmt geworden, sondern in erster Linie wegen seiner hervorragenden Weine. Riesling ist das Herzstück seines Sortenspektrums und wächst auf den Urgesteinsböden der Gemarkung. Aufgrund der Trockenheit während der Sommermonate hat Salomon eine Tröpfchenberegnungsanlage in seinen Weinbergen installiert, die die Reben mit ausreichend Feuchtigkeit versorgt, ohne ihnen übermäßig viel Wasser zuzuführen. Die Rieslinge sollten einige Jahre lagern, bevor man sie genießt, dann haben sie ihre Harmonie gefunden, sind nicht mehr so verschlossen wie zu Beginn ihrer Reife und präsentieren sich immer noch frisch und fruchtig.

Unsere Riesling-Favoriten
Riesling Kremser Kögl **(C)**
Riesling Pfaffenberg Qualitätswein **(C)**
Riesling Reserve Kremser Kögl **(D)**
Riesling Kremser Kögl Auslese **(D)**
Riesling Pfaffenberg Spätlese **(D)**

Kamptal und Weinviertel

Auf den Böden im Strasser »Gaisberg« gedeihen prächtige Rieslinge.

Zentrum des von einer Hügelkette vor eisigen Winden geschützten Anbaugebiets ist Langenlois, Österreichs größte Weinbaustadt. Die Bodenformationen sind vielfältig. Während die Hanglagen von kristallinem Untergrund geprägt sind, findet man in den terrassenförmig angelegten, tiefer gelegenen Rieden Kies und Lössgestein und in den zum Flüsschen Kamp hin weisenden Lagen Schwemmsandböden mit Lehm- und Sandeinschlüssen. Riesling wird ausschließlich in den höher gelegenen Rieden angebaut. Die Weinberge um Langenlois herum sind in Richtung Norden vom Waldviertel, einer Hügelkette, abgeschirmt, die sich muschelförmig um das Gebiet herum legt und nach Süden hin öffnet. So trifft das heiße Klima aus der ungarischen Ebene auf die kühlere Nordluft und vereint sich zu einer für den Weinbau besonders guten Klimamischung. Die Weinberge in den Niederungen des Kamptals sind häufig durch Spätfröste gefährdet und leiden im Spätsommer zuweilen unter starken Gewittern und Hagelschlag.

Berühmte Einzellage

Dank der berühmten Langenloiser Ried »Heiligenstein« hat Riesling neben Grünem Veltliner eine herausragende Bedeutung im Kamptal. Die Besonderheit dieser Lage ist ihre Bodenbeschaffenheit: Der verwitterte Wüstensandstein aus der Vorzeit kommt beiden Rebsorten äußerst entgegen, doch Riesling aus dem Heiligenstein ist am berühmtesten. Er lässt säurebetonte, rassige und mineralische Weine entstehen. Der Name der Lage geht auf eine Urkunde aus dem Jahr 1280 zurück, in welcher der Berg als »Hellenstein« (Höllenstein) be-

Das Weinviertel erinnert mit seinen beschaulichen Kellergassen daran, dass Tschechien und die Slowakei ganz nahe sind.

zeichnet wird, weil die Sonne auf seine südliche Hanglage »höllisch heiß« brennt. Daran hat sich bis heute wenig geändert, und aus diesem Grund wurde 1993 eine Beregnungsanlage im Weinberg angebracht, die den empfindlichen Reben tröpfchenweise Wasser zuführt, sodass sie nicht unter Trockenstress zu leiden haben.

Im Weinviertel, dem nördlich von Wien gelegenen größten Anbaugebiet Österreichs, spielt Riesling zwar eine untergeordnete Rolle, aber dort wo er wächst, auf den kristallinen Böden in Retz, Röschitz und Maissau, bringt er erfreuliche Qualitäten hervor. Das Klima ist warm und trocken.

Zu den empfehlenswerten Rieslingen aus dem Weinviertel gehören die Gewächse aus dem Weingut von Maximilian Hardegg, Schlossweingut Graf Hardegg, einem der größten privaten Winzerbetriebe Österreichs. Die Löss- und sandigen Lehmböden in den einzelnen Rieden ergeben körperreiche, ölige Tropfen, die früh trinkreif sind, aber auch gut und gerne einige Jahre Lagerung überstehen. Weintipps: Riesling Max (C); Riesling Eiswein (D); Riesling Kabinett Steinbügel (B). Zu den ebenfalls nennenswerten Betrieben, die sich im Weinviertel erfolgreich mit Riesling beschäftigen, gehört das Weingut Weinrieder in Kleinhadersdorf. Vor allem der für das Weinviertel sehr seltene Eiswein (C/0,375 Liter) von Winzer Fritz Rieder ist einen Besuch des Guts wert. Doch auch seine trocken ausgebauten Rieslinge Bockgärten (B) und Bockgärten II (C) verdienen Beachtung.

Spitzengüter im Kamptal

Weingut Bründlmayer

Zwettlerstraße 23
A-3550 Langenlois/Kamptal
Tel. +43 / 27 34-2 17 20
Fax +43 / 27 34-37 48
weingut@bruendlmayer.at
www.bruendlmayer.at

Willi Bründlmayer widmet rund 25 Prozent seiner gesamten Rebfläche (60 Hektar) dem Rieslinganbau, und das auf höchstem Niveau: Mit dem Zöbinger Heiligenstein befindet sich eine der weltweit besten Rieslinglagen in seinem Besitz. Auf Wüstensandstein mit vulkanischen Einschlüssen wachsen Trauben, aus denen jedes Jahr aufs neue kraftvolle, extraktreiche Top-Rieslinge entstehen.
Der Anbau richtet sich generell nach naturnahen Grundsätzen, es kommen ausschließlich organische Dünger zum Einsatz und auf Unkrautvertilgungsmittel wird gänzlich verzichtet. Die Gärung erfolgt temperaturkontrolliert im Tank bei 15–20 °C, nach Abschluss der Gärung lagert der Wein für kurze Zeit auf der Feinhefe im großen Holzfass.

Unsere Riesling-Favoriten
Riesling Steinmassel **(C)**
Riesling Zöbinger Heiligenstein **(D)**
Riesling Heiligenstein Alte Reben **(D)**
Riesling Heiligenstein Lyra **(D)**
Riesling Auslese Zöbinger Heiligenstein **(D)**

Weingut Hiedler

Am Rosenhügel 13
A-3550 Langenlois/Kamptal
Tel. +43 / 27 34-24 68
Fax +43 / 27 34-2 46 85
hiedler@netway.at
www.hiedler.at

Die geologische und kleinklimatische Vielfalt in den Weinbergen von Ludwig und María Ángeles Hiedler lässt komplexe und finessenreiche Weine gedeihen. Primus inter pares ist der vielschichtige, langlebige Riesling aus der Lage Heiligenstein. Demgegenüber steht der blumige, pikante Riesling vom Loiserberg, der geprägt ist von kristallinem Schiefer. 1999 wurde in der Toplage Gaisberg erstmals Riesling geerntet, der den hohen Mineralstoffgehalt der dortigen Sandstein- und Gneisböden und ihre Fähigkeit zur Wärmespeicherung liebt. Hiedlers Rieslinge haben in den vergangenen Jahren an Ausgewogenheit und Fruchtigkeit gewonnen, da sie nicht mehr ausschließlich im großen Holzfass reifen, sondern mindestens sechs Wochen im Stahltank fermentiert werden.

Unsere Riesling-Favoriten
Riesling Maximum **(D)**
Riesling Heiligenstein **(C/D)**
Riesling Gaisberg **(C)**
Riesling Loiserberg **(B)**

Weingut Hirsch

A-3493 Kammern 25/Kamptal
Tel. +43 / 27 35-24 60
Fax +43 / 27 35-24 60
info@weingut-hirsch.at
www.weingut-hirsch.at

Seit der 2000er Ernte konzentriert Josef Hirsch sich gemeinsam mit seinem Sohn Johannes auf den Ausbau von Veltliner und Riesling. Für Hirsch zählt Riesling im Kamptal zu den bedeutenden Rebsorten, Tendenz weiter steigend. Ihn fasziniert die Vielschichtigkeit der Weine aus diesem Anbaugebiet und ihre Fähigkeit, je nach Bodenbeschaffenheit unterschiedlichste Geschmacksnoten hervorzubringen: Während der Glimmerschiefer seiner Spitzenlage Gaisberg ein intensives Aprikosen- und Pfirsicharoma hinterlässt, sind die Weine von den vulkanischen Urgesteinsböden des Heiligensteins vor allem von einer tiefen Mineralität geprägt. Die handgelesenen Rieslingbeeren vergärt Johannes Hirsch schließlich im Stahltank und baut sie mit leichter Restsüße aus.

Unsere Riesling-Favoriten
Riesling Zöbing **(B)**
Riesling Zöbinger Gaisberg Alte Reben **(C)**
Riesling Zöbinger Gaisberg Reserve **(C)**
Riesling Zöbinger Heiligenstein **(C)**
Riesling Sepp **(D)**

Preisgruppen: A: unter 10 DM/5 €; **B:** 10–20 DM/5–10 €; **C:** 21–30 DM/10–15 €; **D:** 31–50 DM/15–25 €; **E:** über 50 DM/25 €

Weingut Fred Loimer

Kamptalstraße
A-3550 Langenlois/Kamptal
Tel. +43 / 27 34-22 39
Fax +43 / 27 34-2 23 94
weingut@loimer.at
www.loimer.at

Etwa 10 Prozent seiner gesamten Anbaufläche von 17 Hektar hat Fred Loimer mit Riesling-Reben bestockt. Getreu seinem Motto »jede Sorte nur anbauen, wo sie das Beste geben kann«, findet man seine Rieslinge in der nach Süd-Südost ausgerichteten Toplage Steinmassl und der Richtung Süden weisenden Ried Seeberg. Ihre Ton-Urgesteinsböden lassen Trauben für typische, säurebetonte Weine reifen. Fred Loimer, der nach seiner Ausbildung an der Weinbauschule in Klosterneuburg praktische Erfahrungen im Ausland sammelte, gilt bei der Arbeit im Weinberg und im Keller als Qualitätsfanatiker. Diese Sorgfalt lässt sich aus seinen Weinen herausschmecken.

Unsere Riesling-Favoriten
Riesling Steinmassl **(D)**
Riesling Auslese **(D)**
Riesling Seeberg **(B)**

Weingut Schloss Gobelsburg

Schloßstraße 16
A-3550 Langenlois/Kamptal
Tel. +43 / 27 34-24 22
Fax +43 / 27 34-24 22 20
schloss@gobelsburg.at
www.gobelsburg.at

Das Gut, das ehemals zum Besitz des Zisterzienserstifts Zwettl gehörte, wird seit 1996 von Michael Moss-brugger und Wilhelm Bründlmayer geleitet. Beide haben das große Potenzial der kargen Urgesteinsterrassen des Zöbinger Heiligensteins für den Anbau von Riesling erkannt, und es ist ihnen innerhalb kürzester Zeit gelungen, vor allem diese Rieslinge wieder an die Spitze der österreichischen Erzeugnisse zu führen. Je nach Wein erfolgt der Ausbau im Edelstahltank oder im großen Holzfass, zuweilen auch in einer Kombination aus beidem.

Unsere Riesling-Favoriten
Riesling vom Urgestein **(B)**
Riesling Kammerer Gaisberg **(B)**
Riesling Zöbinger Heiligenstein **(C)**
Riesling Alte Reben **(C)**

Weingut Sonnhof

Josef Jurtschitsch
Rudolfstraße 39
A-3550 Langenlois/Kamptal
Tel. +43 / 27 34-2 11 60
Fax +43 / 27 34-21 16 11
office@jurtschitsch.com
www.jurtschitsch.com

Seit Anfang der 1970er-Jahre haben die drei Jurtschitsch-Brüder ihren Betrieb auf biologisch-dynamische Wirtschaftsweise umgestellt. Auf den Urgesteins-Verwitterungsböden ihrer Weinberge kommen weder Kunstdünger noch Unkrautvernichtungsmittel zum Einsatz; Gründüngung ist gefragt. Auch in der Kellerwirtschaft gelten Jurtschitschs als Pioniere. Als eines der ersten Weingüter im Kamptal haben sie den temperaturkontrollierten Ausbau in Edelstahltanks eingeführt, um die feinen Bukett- und Aromastoffe ihrer Weine zu erhalten. Der stahlige Riesling aus der Spitzenlage Zöbinger Heiligenstein gehört mit zu ihren schönsten Rieslingen, ebenso der rassige Sonnhof Platin und der elegante, aromatische Kamptaler Riesling.

Unsere Riesling-Favoriten
Platin Riesling **(B)**
Zöbinger Heiligenstein E. L. Riesling vom Urgestein **(C)**
Alte Reben Riesling **(D)**
Zöbinger Heiligenstein Riesling Auslese **(D)**

USA – Riesling von Ost nach West

Weine aus den Vereinigten Staaten haben sich im europäischen Markt längst etabliert. Zu den Rotweinen gesellen sich Weiße wie Chardonnay oder Sauvignon blanc. Was viele Konsumenten jedoch nicht wissen: Aus den USA stammen auch einige der interessantesten Rieslinge, die eines Tages vielleicht ebenso populär werden könnten. Sie kommen nur zu einem kleinen Prozentsatz aus Kalifornien, der Löwenanteil wird in den kühleren Anbaugebieten New York State, Washington und Oregon gekeltert.

Reben, soweit das Auge reicht: Das Santa Ynez Valley gehört zu den Anbaugebieten Kaliforniens, in denen interessante Rieslinge wachsen können.

New York State

Das Anbaugebiet »Finger Lakes« im Staat New York gilt als beste Riesling-Region Nordamerikas und ist gleichzeitig die größte Wein produzierende Region des Bundesstaats (neben Hudson River, Long Island und Lake Erie). In den 1950er-Jahren, als die ersten wahren Pioniere sich im Weinbau an der Ostküste versuchten, wurden an den Finger Lakes ausschließlich Kreuzungen aus amerikanischen Hybridreben und europäischen Edelreben angebaut, und das, obwohl die Winzer sich der Tatsache bewusst waren, dass aus diesen Reben niemals große Weine entstehen können. Sie glaubten jedoch, dass das Klima der Gegend für den Anbau von Edelreben zu kalt sei. Heute weiß man längst, dass die fünf Seen, nach denen die Region benannt ist, temperaturausgleichende Wirkung haben und im Winter Wärme an die nahe gelegenen Weinberge abgeben.

American Viticultural Areas

Das geographische Bezeichnungssystem AVA wurde 1983 in den Vereinigten Staaten eingeführt. Weinbaubereiche, die als AVA klassifiziert sind, werden folgenden Bestimmungen unterworfen: 85 Prozent der Trauben müssen aus der Region stammen, die auf dem Flaschenetikett genannt ist, 75 Prozent der genannten Rebsorte müssen im Wein enthalten sein, und die Trauben müssen zu 95 Prozent aus dem angegebenen Jahrgang stammen.

Washington State

Das kontinentale Klima mit großen Temperaturunterschieden zwischen Tag und Nacht lässt hier aromatische Rieslingtrauben mit hohen Säuregraden entstehen. Sie gedeihen hauptsächlich im Columbia Valley und bringen säurebetonte Weine mit Pfirsich-, Aprikose- und Zitrusaromen hervor. Am populärsten sind die halbtrockenen Weine, gefolgt von den trockenen Vertretern. Es gibt jedoch auch »Late Harvest«-Weine, die aus überreifen Trauben gekeltert werden.

In verregneten, kühlen Sommern bilden die Rieslingtrauben in Washington State zuweilen wenig Traubenzucker, dafür umso mehr Säure. Um den Säuregehalt des späteren Weins zu reduzieren und Riesling harmonischer erscheinen zu lassen, ist es den Winzern erlaubt, den Most oder Wein zu entsäuern. Dies kann sowohl auf natürlichem Weg, durch Verdünnung mit Wasser, geschehen als auch auf chemischem oder physikalischem. Nachteil dieses kellertechnischen Verfahrens: Die Weine sind nicht so lange haltbar und verlieren schneller an Aromastoffen.

Chaptalisierung

In Oregon ist neben den Verfahren zur Entsäuerung des Weins auch das Chaptalisieren erlaubt. Dahinter verbirgt sich das Aufzuckern des Mostes durch Zugabe von Zucker oder konzentriertem Traubensaft. Ziel ist es, den Alkoholgehalt des Weins zu erhöhen.

Die kargen Hügel lassen erahnen, dass es im kalifornischen Mendocino County im Sommer sehr warm werden kann.

Oregon

Obwohl es im Bundesstaat zwischen Washington State und Kalifornien bereits im 19. Jahrhundert die ersten Vinifera-Reben gab, hatte Oregon stets unter der Vormachtstellung des großen Nachbarn Kalifornien zu leiden. Erst um 1960 begannen ernstzunehmende Winzer mit dem Ausbau von Weinen, die auch internationalen Maßstäben standhielten. Der Durchbruch kam 1979, als ein Pinot noir aus Oregon bei einer Vergleichsverkostung mit französischen Spätburgundern höchste Bewertungen erhielt. Heute teilt sich der Bundesstaat in fünf Anbaugebiete auf, unter denen Willamette Valley, im Süden von Portland, das größte ist.
In Oregon findet Riesling gute Wachstumsbedingungen, allerdings ist es manchmal etwas zu regnerisch für die zarten Beeren. Die Nachfrage nach den Weinen ist leider relativ gering, und die Preise, die Winzer für ihre Rieslinge verlangen können, sind im Vergleich zu denen der Pinot noirs recht niedrig. Aus diesem Grund sind viele Erzeuger dazu übergegangen, sich auf den Anbau der Pinottraube zu konzentrieren und haben ihre ehemaligen Riesling-Weinberge mit der roten Rebsorte bestockt.

Riesling in Kalifornien

Riesling ist in Kalifornien eher Mangelware. Kein Wunder, die Temperaturen sind vielfach zu warm für die Rebsorte, und dort, wo sich der Anbau lohnen würde, steht häufig der dominierende Chardonnay im Vordergrund. Es gibt jedoch ein paar Winzer, die nicht ganz auf die elegante Rebe verzichten wollen. Ihre Betriebe liegen in den kühleren Gebieten wie beispielsweise im Gebiet Cole Ranch, in Monterey, im Mendocino County oder in den Höhenlagen von Santa Cruz und Santa Clara oder auch im Santa Ynez Valley. Riesling-Weine made in California werden eher lieblich statt trocken ausgebaut.

Jahrgangstabelle/Westküste | Jahrgangstabelle/Ostküste

Jahr	Westküste trocken	Westküste halbtrocken	Westküste edelsüß	Ostküste trocken	Ostküste halbtrocken	Ostküste edelsüß
2000	hervorragend bis gut	hervorragend bis gut	gut	gut	gut	gut
1999	hervorragend bis gut	hervorragend bis gut	hervorragend bis gut	hervorragend bis gut	hervorragend bis gut	hervorragend bis gut
1998	gut bis mäßig	gut	hervorragend bis gut	hervorragend bis gut	hervorragend bis gut	hervorragend bis gut
1997	gut bis mäßig	gut bis mäßig	gut	hervorragend bis gut	hervorragend bis gut	hervorragend bis gut
1996	hervorragend bis gut	gut bis mäßig	gut bis mäßig	gut	gut	gut

Zur Qualität der Jahrgänge:
- (gelb) = hervorragend bis gut
- (grün) = gut
- (hellblau) = gut bis mäßig

Die Jahrgänge im Überblick

2000 Von guten Wetterbedingungen begünstigter Jahrgang, an der Westküste zuweilen hervorragende Qualitäten, im Osten durchweg gute.

1999 Die Winzer konnten die Ernte noch vor den großen Regenfällen im Herbst einbringen. Die Weine sind sehr aromatisch. Ostküste: Die Trockenheit während des Sommers brachte konzentrierte Trauben, und die Lese begann früher als sonst.

1998 Westküste: Für einige Winzer der erfolgreichste Jahrgang überhaupt, gesunde Trauben, aromatische Weine. Ostküste: Auf den warmen Sommer folgte ein trockener Herbst mit einer langen Reifeperiode. Schlechter sah es aus für überreifes Traubengut.

1997 Westküste: Regen, Regen, Regen charakterisierte Sommer und Herbst. Glück für die Winzer, deren Trauben bereits früh reif waren. Ostküste: Gute bis sehr gute Qualitäten, enorm hohe Erntemenge durch geringe Wetterschäden.

1996 Westküste: Starke Fröste im Februar schädigten die jungen Triebe in Washington State, die Erntemenge lag bei maximal 45 Prozent einer Durchschnittsernte. Alles in allem ein herausfordernder Jahrgang. Ostküste: Der Sommer war zu kalt, der Herbst zu regnerisch, doch einige Winzer hatten Glück und konnten sehr gute Qualitäten erzeugen. Insgesamt sind die Weine leichter als in den Vorjahren.

1995 Westküste: Gute Qualitäten, geringe Erträge. Das kühle Wetter im Herbst verlängerte die Ernte um zwei Wochen, in denen die Winzer auf das Ausreifen ihrer Trauben hofften. Ostküste: Hervorragender Jahrgang, super Wetter mit warmem Sommer und trockenem Herbst.

Beste Riesling-Jahrgänge der letzten zehn Jahre
1999, 1998, 1995

Spitzengüter in den USA

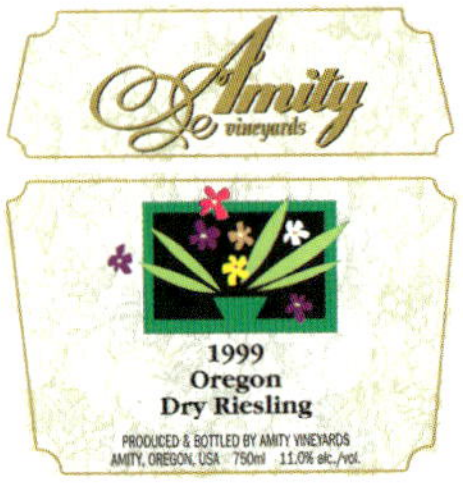

Amity Vineyards

18150 Amity Vineyards Road
Amity, Oregon, 97101
Tel. +1 / 5 03-8 35 23 62
Fax +1 / 5 03-8 35 64 51
amity@amityvineyards.com
www.amityvineyards.com

Das Geheimnis der Rieslinge von Amity Vineyards liegt darin, dass Inhaber Myron Redford sie nach deutschem Muster mit leichtem Restzuckergehalt ausbaut. Oregon-Riesling ist sehr säurebetont, und viele Winzer sind bemüht, den Säuregehalt zu reduzieren. Die Weine altern dadurch jedoch schneller und verlieren einiges an Aromastoffen. 1980 hatte Redford seinen Rieslingen erstmals einen kleinen Restzuckergehalt (0,6 % bis 1,0 %) gelassen, der die Säure ausbalancierte. Das Resultat war ein aromatischer, harmonischer Wein, der aufgrund der nach wie vor enthaltenen Säure am Gaumen trocken erschien. Bei dieser Methode ist er bis heute geblieben, und sein Erfolg spricht für sich.

Unsere Riesling-Favoriten
Select Cluster Riesling **(D/0,375 Liter)**
Oregon Riesling **(B)**
Late Harvest Riesling **(D/0,375 Liter)**
Oregon Dry Riesling **(C)**
Estate Bottled Dry Riesling **(C)**

Chateau Ste. Michelle

One Stimson Lane
Woodinville,
Washington State, 98072
Tel. +1 / 4 25-4 88 11 33
Fax +1 / 4 25-4 15 36 57
www.ste-michelle.com

Chateau Ste. Michelle ist das führende Weingut in Washington und gleichzeitig das zweitgrößte. Jahr für Jahr weitet man hier die Anbaufläche des Weinguts aus. Nichts wird dem Zufall überlassen, alle Arbeitsschritte werden von Fachleuten analysiert, verändert, verbessert.
Riesling ist neben Chardonnay die zweitwichtigste weiße Rebsorte des Unternehmens. Ernst Loosen, Star-Riesling-Winzer von der Mosel, ist überzeugt davon, dass auf diesen Weinbergen die besten Rieslingtrauben Nordamerikas wachsen können und hat sich zu einem Joint Venture entschlossen. Gemeinsam vinifiziert er mit Chef-Kellermeister Erik Olsen einen trockenen Riesling aus der Lage Cold Creek und einen Süßwein aus dem Horse Heaven Weinberg im Stil einer Trockenbeerenauslese.

Unsere Riesling-Favoriten
Bacharacher Wolfshöhle Riesling Eroica **(D)**
Cold Creek Vineyard Riesling **(C)**
Single Berry Select Eroica **(E/0,375 Liter)**
Late Harvest Riesling **(D/0,375 Liter)**
Johannisberg Riesling **(B)**

Dr. Konstantin Frank's Vinifera Wine Cellars

9749 Middle Road
Hammondsport, New York, 14840
Tel. +1 / 6 07-8 68 48 84
Fax +1 / 6 07-8 68 48 88
FrankWines@aol.com

Dass von den Finger Lakes Spitzenrieslinge kommen, haben Dr. Konstantin Frank und sein Sohn, der nach dessen Tod das Weingut übernommen hat, längst bewiesen. Ihre Rieslinge haben mehr internationale und nationale Goldmedaillen gewonnen, als irgendein anderer Riesling in den Vereinigten Staaten. 1951 war Dr. Frank aus der Ukraine in die USA ausgewandert und trat zu einer Zeit in die amerikanische Weinindustrie an der Ostküste ein, als diese noch in den Kinderschuhen steckte. Niemand glaubte damals, dass diese kühle Region das Potenzial zum Anbau von europäischen Weinreben hatte. Die Rieslingtrauben wachsen auf felsigem Gestein mit Schiefereinschlüssen.

Unsere Riesling-Favoriten
Dr. Konstantin Frank Dry Johannisberg Riesling **(C)**
Dr. Konstantin Frank Semi-Dry Johannisberg Riesling **(C)**
Salmon Run Johannisberg Riesling **(C)**

Preisgruppen: A: unter 10 DM/5 €; **B:** 10–20 DM/5–10 €; **C:** 21–30 DM/10–15 €; **D:** 31–50 DM/15–25 €; **E:** über 50 DM/25 €

Fetzer Vineyards

13601 East Side Road
95449 Hopland/Kalifornien
Tel. +1 / 7 07-7 44 76 00
Fax +1 / 7 07-7 44 74 88
fetzer@fetzer.com
www.fetzer.com

Im Weingut Fetzer wird nach ökologischen Gesichtspunkten gewirtschaftet: Es kommen keine chemischen Dünge- oder Unkrautvertilgungsmittel zum Einsatz – auch diese Vorgehensweise trägt zum Erfolg der Weine bei. Die Trauben für den Johannisberg Riesling stammen aus den kühlen Regionen Mendocino und Monterey und ergeben einen Wein mit blumigen und fruchtigen Aromen sowie rassiger Säure. In der Nase erinnert er an Birne und Aprikose, am Gaumen kommen erneut blumige Noten hinzu. Ein körperreicher Wein mit einem langen Abgang.

Unser Riesling-Favorit
Fetzer Johannisberg Riesling **(B)**

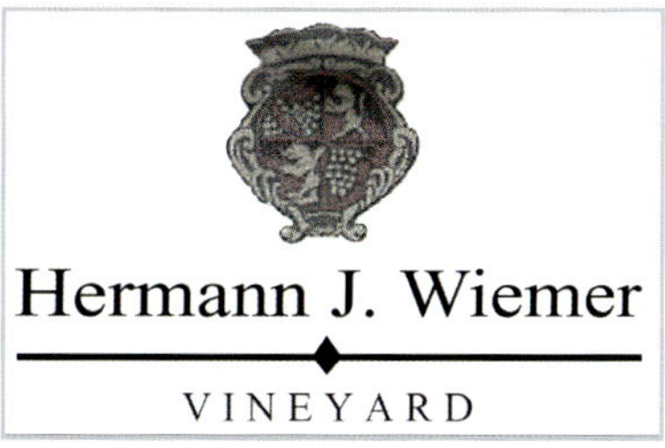

Hermann J. Wiemer Vineyard

3962 Rt. 14, PO Box 38
Dundee, New York, 14837
Tel. +1 / 6 07-2 43 79 71
Fax +1 / 6 07-2 43 79 83
wines@wiemer.com
www.wiemer.com

1973 siedelte der junge Hermann J. Wiemer von der Mosel an die Finger Lakes und gründete ein eigenes Weingut. Seine Herkunft aus einem der berühmtesten Riesling-Anbaugebiete der Welt lässt sich nicht verleugnen: Die Hälfte der bestockten Rebfläche hat er dieser feinen Rebsorte gewidmet. Der Anbau erfolgt nach ökologischen Gesichtspunkten, die Gärung temperaturkontrolliert, auf Süßreserve wird verzichtet. Wiemers trockener Riesling erinnert im Duft an reife Äpfel und Birnen, hat eine gut eingebundene Säure, mineralische Komponenten, und die Frucht bleibt lange am Gaumen haften.

Unsere Riesling-Favoriten
Dry Riesling **(B)**
Reserve Riesling **(C)**
Semi-Dry Riesling **(C)**
Late Harvest Riesling **(D)**
Select Late Harvest Riesling
(E/0,375 Liter)

Australien – Riesling »down under«

Rund zwei Drittel der australischen Weinproduktion besteht aus körperreichen, vollmundigen Weißweinen. Das scheint für uns Europäer ein wenig erstaunlich, werden uns im hiesigen Weinhandel doch in erster Linie Rotweine von »down under« schmackhaft gemacht, allenfalls noch Chardonnay als weiße Sorte. In Wirklichkeit ist es aber so, dass im Land selbst enorm viele Weißweine als Fassware verkauft werden, von denen die wenigsten jedoch aus den klassischen weißen Trauben wie Riesling, Chardonnay, Sémillon oder Sauvignon blanc stammen, sondern aus schnellwüchsigen, ertragsreichen und pflegeleichten Sorten.

Riesling gehört zu den weit verbreiteten traditionellen weißen Rebsorten in Australien und wird meistens trocken oder halbtrocken ausgebaut. Die Gärung erfolgt in der Regel temperaturkontrolliert im Edelstahltank bei maximal 15 bis 10 °C, damit Bukett- und Aromastoffe nicht verloren gehen. Zuweilen vergären die Winzer ihre Weine aber auch im Holzfass.

Schlesische Immigranten hatten die Sorte im 19. Jahrhundert mit nach Australien gebracht, wo sie heute vor allem im Clare, Eden und Barossa Valley, in Teilen Victorias, in Tasmanien und im Westen des Kontinents angebaut wird. Hier ist das Klima gemäßigter als in den nördlicheren Regionen – da sich Australien auf der Südhalbkugel befindet, ist es im Süden kälter als im Norden, und die Jahreszeiten sind denen auf der Nordhalbkugel entgegengesetzt.

Australische Rieslinge besitzen einen sehr intensiven Duft nach Zitrusfrüchten, Apfel, Birne oder Passionsfrucht – Noten, die sich auch im angenehm würzigen Geschmack wiederfinden – und eine spritzige Säure. Sie ist jedoch weniger ausgeprägt als bei den deutschen Rieslingen. Von ihrer Art her sind sie eher mittelschwer, je nach Anbaugebiet frisch und spritzig oder etwas üppiger, der Alkoholgehalt ist häufig hoch. Gereifte Weine entwickeln feine Röstaromen und erinnern sehr zart an Honig. Zuweilen gibt es auch hervorragende Edelsüße. Sie sind am Zusatz »Botrytis« oder »Late picked« auf dem Etikett zu erkennen.

In den Anbaugebieten rund um die südaustralische Stadt Adelaide wird etwa die Hälfte aller australischen Weine produziert, darunter die besten Rieslinge des Landes.

Jahresproduktion der wichtigsten weißen Sorten

Chardonnay:	173 000 Tonnen
Sémillon:	57 500 Tonnen
Riesling:	35 000 Tonnen

Masse und Klasse

Weinindustrie ist in Australien nicht unbedingt gleichbedeutend mit billiger, nichts sagender Massenware. Auch im Portfolio der Großkonzerne gibt es Weine, deren Traubengut zwar aus verschiedenen Anbaugebieten des Landes stammt, die aber dennoch so sorgfältig an- und ausgebaut werden, dass darunter einige der edelsten Kreszenzen zu finden sind wie zum Beispiel der weltberühmte Rotwein Penfolds »Grange«.

Jahrgangstabelle

Jahr	trocken	halbtrocken	edelsüß
2000	hervorragend bis gut	hervorragend bis gut	hervorragend bis gut
1999	hervorragend bis gut	gut	hervorragend bis gut
1998	gut	hervorragend bis gut	gut
1997	gut	gut	gut
1996	gut	gut bis mäßig	hervorragend bis gut

Zur Qualität der Jahrgänge:
- (gelb) = hervorragend bis gut
- (grün) = gut
- (hellblau) = gut bis mäßig

Beste Riesling-Jahrgänge der letzten zehn Jahre

2000, 1999, 1995, 1994, 1993

Die Jahrgänge im Überblick

2000 Nach einem nassen Winter im November/Dezember 1999 war es im Januar sehr trocken und heiß, sodass die Beeren nur sehr langsam wuchsen und die Erträge insgesamt minimiert wurden. Während der Lese gab es schließlich heftige Regenfälle, und die Ernte wurde vielfach unterbrochen. In der zweiten Hälfte der Lese hatten die Winzer jedoch Bilderbuchwetter.

1999 Die Erträge waren viel niedriger als im Vorjahr, da es während der Lese immer wieder zu starken Regenfällen kam, die die Reben in arge Mitleidenschaft zogen. Dennoch konnten hervorragende Riesling-Qualitäten geerntet werden.

1998 Ein schwieriges Jahr, nur dort, wo die Winzer konsequente Weinbergspflege betrieben hatten, konnten sehr gute Qualitäten geerntet werden. Zur Zeit der Lese hatte Petrus jedoch ein Einsehen.

1997 Es gab mehrfach starke Unwetter, die den Winzern im wahrsten Sinne des Wortes die Ernte verhagelten, zudem hatte man sich mit großen Hitzeperioden zu plagen. Sicherlich kein leichtes Jahr, die Erntequalitäten waren aber gut bis sehr gut.

1996 Ein Jahr, das zu großen Hoffnungen Anlass gab, denn die Klimabedingungen während der Vegetationsphase waren optimal. Die geerntete Menge lag in den meisten Anbaugebieten über dem Durchschnitt, dennoch wurde es hinsichtlich der Qualität kein herausragender Jahrgang.

1995 Während der Wachstumsphase war es in den meisten Anbaugebieten kühler als üblich, dafür war das Wetter sehr beständig. Die Weine hatten genügend Zeit, zur vollen Reife zu gelangen und präsentierten sich äußerst elegant und feinfruchtig.

South Australia

Die breite Talebene des Barossa Valley ist eines der meistbesuchten Weinanbaugebiete Australiens.

Barossa Valley/Eden Valley

Das Tal, etwa 60 Kilometer nordöstlich von Adelaide entfernt, ist das bekannteste Anbaugebiet Australiens und bereits seit dem 19. Jahrhundert Zentrum des Qualitätsweinbaus. Das Klima ist warm, die Luftfeuchtigkeit niedrig und die Regenfälle ausreichend, sodass beste Voraussetzungen für langlebige Weißweine gegeben sind. Im Eden Valley ist Riesling die meistangebaute weiße Rebsorte, sie ist viermal häufiger zu finden als Chardonnay. Ihre Weine entwickeln in der Jugend sowohl in der Nase als auch am Gaumen ein intensives Aroma nach frischem Limonensaft. Sind die Weine gereift, schmecken sie fast wie Zitrusmarmelade auf Toast. Spitzenrieslinge sind noch nach zehn Jahren ein wahrer Genuss.

Auch im Barossa-Tal liegt Riesling bei den Weißweinen an erster Stelle, und jeder Winzer hier hat mindestens einen davon auf seiner Preisliste. Weil das Klima etwas wärmer ist als in den Hochlagen des Eden Valley, erscheinen die Weine im Glas aromatischer und üppiger. Die Aromen variieren von Passionsfrucht und weiteren tropischen Früchten bis hin zu Zitrusnoten und verstärken sich mit zunehmendem Alter. Kein Wunder also, dass sich in diesem Gebiet einige der wichtigsten Weingüter und Kellereien angesiedelt haben. Trendgemäß sind deren Winzer dazu übergegangen, ihre Riesling-Weinberge aus der warmen Ebene des Tals in die kühleren Hanglagen von Barossa (East Barossa Ranges) und des sich anschließenden hügeligen Eden Valleys mit Rebflächen in bis zu 500 Metern über dem Meer zu verlagern.

BYO

In Australien darf man wie in Neuseeland eigenen Wein in Restaurants mitbringen, die keine Alkohol-Ausschanklizenz haben. Die Devise lautet: BYO – Bring your own.

Weites Land mit kalkhaltigen, rotbraunen Böden: Clare Valley gilt als Australiens bestes Riesling-Anbaugebiet.

Clare Valley

Die besten australischen Rieslinge stammen aus dem 200 Kilometer nördlich von Adelaide gelegenen Clare Valley. Obwohl man aufgrund der warmen und trockenen Sommer gern von der »Toskana Australiens« schwärmt, sind die Rotweine wegen des kühlen, feuchten Klimas im Winter und Frühjahr hier in der Minderheit. Den Entwicklungsprozess der Trauben begleitet eine regelmäßig aufkommende kühle Brise am Nachmittag, die die heißen Temperaturen im Sommer wieder etwas relativiert. Die Nächte sind ebenfalls kühl und lassen die Trauben langsam ausreifen.
In den Weinbergen findet sich ein kalkhaltiger rot- bis grau-brauner Lehmboden, dessen Kalkgehalt nach Süden hin zunimmt. Die Rieslinge, die auf ihm gedeihen, sind direkt nach der Abfüllung auf Flaschen noch nicht sehr zugänglich. Die Aromen sind äußerst zurückhaltend, erinnern entfernt an Passionsfrucht und ein wenig an Zitrone. Ihre stahlige Art lässt jedoch bereits das große Potenzial erkennen, das sie besitzen. Und das offenbart sich mit feinen Röstaromen, die sich immer stärker intensivieren, je älter der Wein wird, mit Komplexität und Harmonie. Einfache Qualitäten erreichen nach maximal fünf Jahren ihren Höhepunkt, hochwertige Produkte können durchaus zehn Jahre lagern, bevor man sie genießt.

McLaren Vale

Rund um die gleichnamige Ortschaft, 40 Kilometer südlich von Adelaide, liegt eines der abwechslungsreichsten Anbaugebiete des Kontinents. Der nahe Ozean ist allgegenwärtig und sorgt mit seiner kühlen Brise für gemäßigte Temperaturen während der heißen Sommermonate. Regenschauer sind zu dieser Zeit selten, und so greifen die Winzer auf die künstliche Bewässerung ihrer Anlagen zurück. Rieslinge aus dieser Region, die in der Anbaufläche neben Chardonnay auf dem zweiten Platz rangieren, besitzen subtile, delikate Fruchtnoten, wenn sie jung getrunken werden, können aber auch gut reifen.
So vielfältig wie die Landschaft mit ihren Hügeln, Olivenhainen, Wäldern und Flüssen sind auch die Bodentypen. Von fruchtbarem rotbraunen, sandigem Lehm mit Kalkeinschlüssen bis hin zu ausschließlich sandigem Untergrund ist alles vertreten.

Weitere Riesling-Anbaugebiete

Mehr und mehr Winzer entdecken das Potenzial der Adelaide Hills und pflanzen in der Hügellandschaft neue Weinberge an.

Drei weitere Regionen Südaustraliens bieten gute Wachstumsbedingungen für Rieslingtrauben, auch wenn ihre Weine bislang noch nicht so sehr bekannt sind: In den Adelaide Hills wächst Riesling sowohl in den etwas kühleren wie auch in den wärmeren Zonen. Letztere lassen die Weine opulenter wirken, während die Weine aus den kälteren Hügellagen rassiger, aber auch zarter erscheinen. Sie eignen sich aufgrund der ausgeprägteren Säure wesentlich besser zur Lagerung. In Coonawarra, dem Anbaugebiet, das für seine rote Erde, die »terra rossa«, weltberühmt ist, stehen die Rieslinge ein wenig im Schatten der grandiosen Rotweine oder guter Chardonnay-Qualitäten, obwohl die Rebsorte bezüglich der bestockten Rebfläche hinter Chardonnay den zweiten Platz belegt. Allmählich steigt der Ruf der Spitzenrieslinge aus Coonawarra aber. Zu verdanken ist das Produzenten wie Wynns, deren Rieslinge durch ihren duftigen, blumigen und reizvoll-fruchtigen Stil mehrfach überzeugen konnten. In Padthaway, einem jungen Anbaugebiet nordwestlich von Coonawarra, gedeihen Weißweine wie Riesling am besten. Eine erstaunliche Tatsache, denn die Temperaturen sind in dieser Gegend höher als in Coonawarra, doch die Bewässerung wirkt Wunder. Weitere Voraussetzung ist zudem die strikte Minimierung der Erträge. Erstklassig sind vor allem edelsüße Rieslinge, die durchaus mit internationalen Maßstäben zu messen sind und zu den besten in Australien gehören. Sie sind an ihrer intensiven Fruchtigkeit mit Limonen- und Aprikosennoten zu erkennen. Die besten unter ihnen können jahrelang lagern.

Spitzengüter in Südaustralien

d'Arenberg Wines

PO Box 195
McLaren Vale, SA 5171
Tel. +61 / 8-83 23 82 06
Fax +61 / 8-83 23 84 23
winery@darenberg.com.au
www.darenberg.com.au

Die Nachfrage nach d'Arenberg-Weinen ist seit Gründung des Weinguts im Jahr 1928 ungebrochen. Der wirkliche Run auf die Weine begann jedoch 1984, als sich die Inhaber entschlossen, in neue Kellertechnologien zu investieren. Seit jener Zeit sind die Weine bei internationalen Preisverleihungen nicht mehr wegzudenken. Riesling zählt mit zu den Premiumprodukten von Kellermeister Chester Osborn. Der Dry Dam, eines der beiden Riesling-Flaggschiffe, präsentiert sich in seiner Jugend unheimlich frisch und aromatisch und zeigt bereits, welch großes Lagerpotenzial in ihm steckt. Das Aromenspektrum in der Nase reicht von kandierten Früchten, Lychee und Zimt bis hin zu Limonenschale und Rosenblüten. Am Gaumen zeigt er erneut Zitrusfrüchte, Ananas und Birne.

Unsere Riesling-Favoriten
d'Arenberg Noble Riesling
(Preis auf Anfrage)
d'Arenberg The Dry Dam Riesling
(Preis auf Anfrage)

Jim Barry Wines

PO Box 321
Clare Valley, SA 5453
Tel. +61 / 8-88 42 22 61
Fax +61 / 8-88 42 37 52
jbwines@jimbarry.com

Das Familienunternehmen ist zwar in erster Linie für seine hervorragenden Shiraz bekannt, doch zählt Riesling wie bei den übrigen Winzern des Tals zu den wichtigsten weißen Sorten und gleichzeitig zu den besten des Landes. Die Weine schmecken nach Zitrus- und Passionsfrucht und sind eher von der üppigen Art.
Jim Barry hatte sich während seiner önologischen Tätigkeit in verschiedenen Weingütern bereits Ende der 1950er-Jahre eigene Weinberge zugelegt, doch erst in den Siebzigern begonnen, selbst Wein zu vermarkten. Er erweiterte die Rebfläche konsequent und erwarb innerhalb weniger Jahre einen Platz in der Liga der australischen Spitzenwinzer. Heute haben seine Weine Kultstatus. Darunter auch die Rieslinge.

Unsere Riesling-Favoriten
Lodge Hill Riesling **(C)**
Watervale Riesling **(B)**
Lavender Hill **(B)**

Bethany Wines

PO Box 245
Tanunda, SA 5352
Barossa Valley
Tel. +61 / 8-85 63 20 86
Fax +61 / 8-85 63 00 46
bethany@bethany.com.au
www.bethany.com.au

Die Ortschaft Bethany ist die älteste Siedlung im Barossa Valley und wurde 1870 von schlesischen Einwanderern gegründet. Das gleichnamige Weingut zählt in Europa eher noch zu den Entdeckungen, hat im eigenen Land jedoch bereits durch mehrere Auszeichnungen auf sich aufmerksam gemacht. Riesling ist die wichtigste weiße Rebsorte des Betriebs, ihre Reben sind älter als 40 Jahre und stammen aus den besten Weinbergen des Eden Valleys und der Adelaide Hills. Die trockenen Weine sind frisch und säurebetont mit den typischen Zitrusaromen. Die Trauben für den Late Harvest wurden handgelesen, die Erträge extrem niedrig gehalten. Er duftet und schmeckt nach Passionsfrucht und Zitrone und hat einen langen, spritzigen Abgang. Ein eleganter, komplexer und harmonischer Wein.

Unsere Riesling-Favoriten
Late Harvest Riesling **(C in Deutschland)**
Eden Valley Riesling Reserve Dry
(C in Deutschland)

Preisgruppen: A: unter 10 DM/5 €; **B:** 10–20 DM/5–10 €; **C:** 21–30 DM/10–15 €; **D:** 31–50 DM/15–25 €; **E:** über 50 DM/25 €

Wolf Blass Wines

97 Sturt Highway
Nuriootpa, SA 5355
Barossa Valley
Tel. +61 / 8-85 62 19 55
Fax +61 / 8-85 62 21 56
jmader@mildarablass.com.au
www.worldwidewines.com

Das Unternehmen von Wolf Blass ist das beste Beispiel dafür, dass Masse und Klasse sich nicht ausschließen müssen. Kellermeisterin Wendy Stucky ist für die Weißweine des Hauses verantwortlich – und für ihre Rieslinge hagelte es bereits Preise ohne Ende. Man wird sich im Unternehmen bei den weißen Sorten weiterhin verstärkt auf Riesling konzentrieren, denn Wolf Blass sieht allmählich das Ende der Chardonnay-Ära gekommen. Stuckys Rieslinge sind frisch und leicht mineralisch, schmecken nach grünem Apfel, Zitrone und Pfirsich, sind äußerst elegant und haben ein unglaubliches Potenzial. Die Trauben dafür bezieht sie aus dem Clare und dem Eden Valley.

Unsere Riesling-Favoriten
Wolf Blass Eden and Clare Valleys Rhine Riesling Gold Label **(B)**
Wolf Blass Noble Gold Botrytis Riesling **(B)**

Grosset Winery

Manoora Road
Auburn, SA 5451
Clare Valley
Tel. +61 / 8-88 49 21 75
Fax +61 / 8-88 49 22 92
grosset@capri.net.au

Jeffrey Grosset, der »Riesling Winemaker of the Year 1998«, legt seinen Vertragswinzern strikte Richtlinien für den Anbau der Trauben auf. Nur exzellente Qualitäten sollen in seinen Keller wandern – und die Ergebnisse können sich sehen lassen. Etwa die Hälfte seiner Produktion ist Riesling gewidmet. Aufenthalte in Europa haben Grosset gezeigt, wie wichtig das Terroir für die Erzeugung guter Weine ist, und so konzentriert er sich vor allem auf die Sorte, die im Clare Valley perfekte Wachstumsbedingungen vorfindet: Riesling. Seine aus dieser Rebe erzeugten Weine zählen zu den elegantesten und lagerfähigsten des ganzen Landes.

Unsere Riesling-Favoriten
Grosset Clare Valley Riesling **(Preis auf Anfrage)**
Polish Hill Riesling **(Preis auf Anfrage)**
Watervale Riesling **(Preis auf Anfrage)**
Noble Riesling **(Preis auf Anfrage)**

Henschke Cellars

PO Box 100
Keyneton, SA 5353
Eden Valley
Tel. +61 / 8-85 64 82 23
Fax +61 / 8-85 64 82 94
info@henschke.com.au
www.henschke.com.au

Stephen Henschke und seine Frau Prue lenken in der fünften Generation die Geschicke des Guts. Firmensitz ist zwar das Eden Valley, aber die Trauben stammen aus den besten Weinbergen des ganzen Landes. Die Bodentypen variieren je nach Herkunft der Beeren: Der Lenswood Riesling wächst auf schieferhaltigem Untergrund in den Adelaide Hills, im Eden Valley findet man Riesling auf Schwemmsandböden. Letzterer duftet nach Zitronenblüten und Limonen, ist spritzig auf der Zunge, ausgeglichen und lang anhaltend. Der Lenswood, ein halbtrockener Wein, erinnert in der Nase an Rebblüten und Zitronensaft mit zarten Anklängen an Passionsfrucht und weiße Rosen. Am Gaumen intensive Zitrusfrucht, frisch, gut strukturiert und nachhaltig.

Unsere Riesling-Favoriten
Julius Eden Valley Riesling **(C)**
Lenswood Green Hills Riesling **(C)**
Noble Rot Botrytised Riesling **(C)**

Alle Preiszuordnungen in diesem Buch beziehen sich, wenn nicht anders angegeben, auf den Verkauf ab Gut!

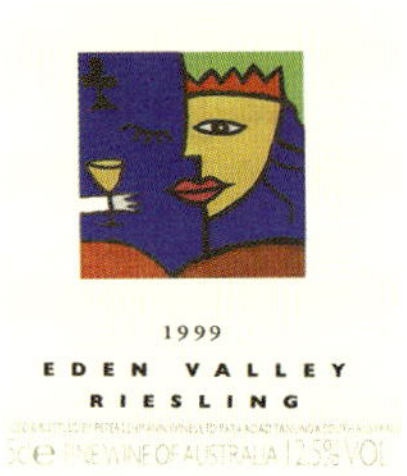

Peter Lehmann Wines Limited

Para Road
Tanunda, SA 5352
Barossa Valley
Tel. +61 / 8-85 63 25 00
Fax +61 / 8-85 63 34 02
plw@mail.mdt.net.au
www.peterlehmannwines.com.au

Peter Lehmann ist die Größe im Barossa-Tal. Sein Traubengut stammt zu hundert Prozent aus Barossa-Weinbergen (zum Großteil von Vertragswinzern), und die Weine spiegeln in unverkennbarer Weise das dortige Terroir wider. Seine Eden Valley Rieslinge, die bereits höchste internationale Auszeichnungen erzielt haben, sind stahlig und reifen hervorragend, die Barossa Rieslinge sind von gleicher Qualität, jedoch duftiger und in der Jugend zugänglicher. Die Reserve, die nach der Gärung vier Jahre im Weinkeller reift und deren Beeren aus dem Eden Valley kommen, duftet nach Limonen, Honig und Toastbrot, am Gaumen präsentiert sie sich äußerst frisch mit rassiger Säure.

Unsere Riesling-Favoriten
Reserve Riesling **(C)**
Blue Eden Riesling **(C)**
Riesling **(B)**

Petaluma

Spring Gully Road
Piccadilly, SA 5151
Adelaide Hills
Tel. +61 / 8-83 39 41 22
Fax +61 / 8-83 39 52 53

Petaluma gilt weltweit als einer der besten Weinproduzenten Australiens. Dieser Ruf ist mit Sicherheit auch dem Wirken von Kellermeister und Geschäftsführer Brian Croser zu verdanken, der die Herstellung der Weine mit großem Engagement betreibt. Als erster Winzer führte er in den 1970er-Jahren die Kaltvergärung ein. Die Trauben bezieht er aus allen Teilen des Landes und konzentriert sich bei seiner Auswahl ausschließlich auf gebietstypische Rebsorten. Seine Rieslingtrauben stammen aus dem Clare Valley, das international den besten Ruf für australische Rieslinge genießt.

Unser Riesling-Favorit
Petaluma Riesling Clare
(Preis auf Anfrage)

Pewsey Vale Vineyard

C/- The Yalumba Wine Company
Eden Valley Road
Angaston, SA 5352
Eden Valley
Tel. +61 / 8-85 61 32 00
Fax +61 / 8-85 61 34 65
negint@negociants.com
www.pewseyvale.com

Das zur Yalumba Wine Company von Robert Hill Smith gehörige Weingut hat sich zu 75 Prozent auf die Produktion von Spitzenrieslingen konzentriert. Leider werden sie bisher noch nicht exportiert. 1961 wurde der erste Weinberg auf 460 Metern über dem Meeresspiegel angelegt. Die wenig fruchtbaren Böden und die lange Reifeperiode entwickeln ein typisches Pewsey-Vale-Aromenspektrum. Die Weine sind von außergewöhnlicher Finesse und Frische und besitzen intensive Limonen- und Zitronennoten. Die gut eingebundene Säure macht sie viele Jahre lang haltbar.

Unsere Riesling-Favoriten
Pewsey Vale Vineyard Eden Valley Riesling **(Preis auf Anfrage)**
Pewsey Vale Vineyard Eden Valley »The Contours« Riesling
(Preis auf Anfrage)

Wakefield Estate-Taylor's

Taylors Road
Auburn, SA 5451
Clare Valley
Tel. +61 / 8-88 49 20 08
Fax +61 / 8-88 49 22 40
info@taylorswines.com.au
www.taylorswines.com.au

Im Familienweingut der Taylors wird seit Ende 1969 Wein höchster Güte produziert. Riesling zählt von Anfang an zu den weißen Premiumsorten des Hauses. Die Weine spiegeln das ganze Spektrum aromatischer Zitrusfrüchte wider, und in guten Jahrgängen besitzen sie eine Lagerfähigkeit von über 10 Jahren. Sie sind ausbalanciert und haben einen langen Nachhall. Bitte nicht vom Schraubverschluss abschrecken lassen: Der Inhalt ist ein gelungenes Beispiel für die herausragenden Rieslinge, die im Clare Valley produziert werden.

Unsere Riesling-Favoriten
Wakefield St Andrews Riesling
(D in Deutschland)
Wakefield Clare Riesling
(C in Deutschland)

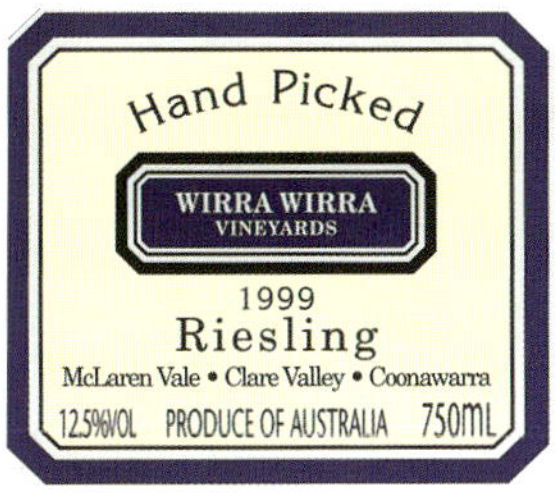

Wirra Wirra Vineyards

McMurtrie Road
McLaren Vale, SA 5171
Tel. +61 / 8-83 23 84 14
Fax +61 / 8-83 23 85 96
info@wirra.com.au
www.wirra.com.au

Der für europäische Ohren eigenartige Weingutsname entstammt der Sprache der australischen Ureinwohner und bedeutet »Unter den Eukalyptusbäumen«. Gregory und Roger Trott haben den 1893 gegründeten Betrieb 1969 erworben, im Laufe der Jahre liebevoll restauriert und mit moderner Kellertechnik ausgestattet. Und die Investitionen haben sich ausgezahlt: Die Weine besitzen Weltklasse-Niveau, was zahlreiche internationale Auszeichnungen belegen. Unter den Weißen gehört der handgelesene Riesling mit seiner rassigen Art zu den schönsten Konstanten des Hauses. Es gibt ihn bereits seit 1974 und er scheint von Jahr zu Jahr besser zu werden. Ein toller Lagerwein.

Unser Riesling-Favorit
Hand Picked Riesling **(B in Deutschland)**

Wynns Coonawarra Estate

Memorial Drive
Coonawarra, SA 5263
Tel. +61 / 8-87 36 32 66
Fax +61 / 8-87 36 32 02
wynns.coonawarra@southcorp.com.au
www.wynns.com.au

Wynns war das erste Weingut, das in Coonawarra gegründet wurde (1891) und gehört heute zu den wichtigsten Kellereien dieses Anbaugebiets. Kellermeisterin Sue Hodder erzeugt neben roten Highlights einen duftigen, blumigen und reizvoll-fruchtigen Riesling, der zeigt, dass auch in dieser warmen Gegend erstklassige Cool-Climate-Sorten ausgebaut werden können. Ein leichter, frischer, leicht zu trinkender Wein, der in jungen Jahren vor allem durch seine Limonen- und Apfelnoten besticht, nach Lagerung sind Toast-, Orangen- und Aprikosennuancen präsent.

Unser Riesling-Favorit
Wynns Coonawarra Riesling
(Preis auf Anfrage)

Victoria und Western Australia

Goulburn Valley

Eine klimatische Ausnahmestellung für Rieslinganbau in Victoria nimmt das 120 Kilometer nördlich von Melbourne gelegene Tal ein. Entlang des Goulburn River werden die besten Rieslinge des Bundesstaates produziert, obwohl die Temperaturen dafür eigentlich zu warm sind. Doch die schotter- und kiesbedeckten Sandböden und die temperaturausgleichende Wirkung des Flusses können dieses »Manko« offensichtlich ausgleichen. Die Weine bestechen durch ihre Kraft und ihren intensiven Geruch nach Limonensaft und tropischen Früchten, die auch im Geschmack wiederzufinden sind.

Far South West Victoria / King Valley

Dieses kleine Anbaugebiet gehört zu den kältesten Australiens, nur in Tasmanien sind die Temperaturen noch niedriger. Die Böden bestehen hauptsächlich aus Basaltgestein, das von Lehm und Kies bedeckt ist, einige auch aus vulkanischem Urgestein. Die Rieslingtrauben, die hier gedeihen, entwickeln sich zu filigranen, zartduftigen Weinen, die im Laufe einiger Jahre vor allem Röstaromen in den Vordergrund treten lassen, was ihnen aber nichts von ihrer Eleganz nimmt.
Bis auf eine Höhe von 800 Metern wachsen im fruchtbaren King Valley im Nordosten Victorias Trauben, die zu feinsten Weinen und Schaumweinen verarbeitet werden. Rieslinge werden in erster Linie trocken ausgebaut, doch stammen von hier auch einige der edelsten Late Harvests.

Great Western / The Grampians

Die leichten, wenig fruchtbaren Ton- und Kalkböden lassen unter anderem feine Trauben für hochwertige Schaumweine und spritzige Rieslinge wachsen. Das angenehm kühle Klima (vor allem nachts) eignet sich perfekt für spät reifende Sorten, die aufgrund der gemäßigten Temperaturen ganz langsam ausreifen können.

Die kühlen Zonen Victorias rücken wieder ins Interesse der Winzer: Das kühle, feuchte Klima im sanft-hügeligen Yarra-Tal kommt vor allem Weißweintrauben und Pinot noir zugute.

Yarra Valley

Das Tal gehört ebenfalls zu den kühleren Anbaugebieten Australiens, ist für Riesling-Anbau allerdings nicht ganz so bedeutend, sondern eher für Pinot noir oder Chardonnay. Nichtsdestotrotz stammen von hier einige überzeugende Riesling-Weine. Bereits im 19. Jahrhundert war das Yarra Valley eines der bekanntesten Anbaugebiete Australiens.

Tasmanien

Australiens kühlste Anbaugebiete befinden sich auf der Insel Tasmanien, im äußersten Süden des Kontinents gelegen. Die Temperaturen sind etwa mit denen in der Champagne oder im Rheingau vergleichbar. Eines der wichtigsten Standbeine der Winzer ist die Produktion von hervorragenden Schaumweinen, vor allem in der Region um die Städte Pipers River und Pipers Brook. Um Pipers River findet man auch die besten Rieslinge, die unbedingt einige Jahre lagern müssen, bevor sie ihren wahren Charakter offenbaren können. Das Warten lohnt, denn sie entwickeln sich zu hocharomatischen, komplexen Weinen. Riesling ist die drittwichtigste Sorte, die auf der Insel angebaut wird.

Great Southern/Margaret River

In dieser westlichen Region zählt Riesling zu den wichtigsten weißen Rebsorten. Die Böden bestehen aus wasserdurchlässigen, von Kies bedeckten, lehmigen Böden und Granit oder Gneis. Die erzeugten Rieslinge sind denen aus dem Clare und Eden Valley ebenbürtig, reifen hervorragend und können durchaus bis zu zehn Jahre lagern. In der Jugend präsentieren sie sich frisch und schlank mit intensiven Zitrusaromen.

Im Anbaugebiet Margaret River gleichen die Böden denen in Great Southern, und hier wie dort muss während der Sommermonate künstlich beregnet werden.

Spitzengüter in Victoria

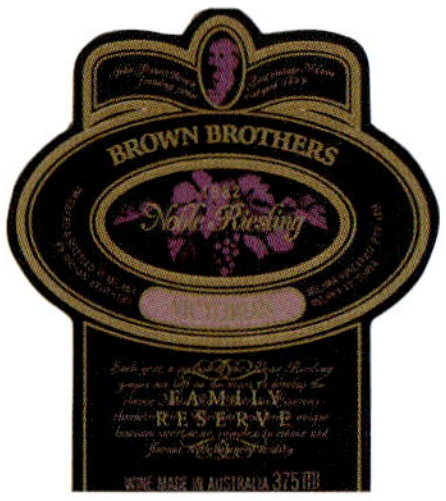

Brown Brothers Milawa Vineyard

Milawa, VIC 3678
North East Victoria
Tel. +61 / 5-7 20 55 00
Fax +61 / 5-7 20 55 11
www.brown-brothers.com.au

In einer kühleren Zone von Milawa, dem King Valley, wachsen die Trauben für die Rieslinge von Brown Brothers. Es war die erste Rebsorte die der Gründer John Francis Brown 1885 in Milawa anpflanzte – seit dieser Zeit sind etwa 45 verschiedene Rebsorten hinzugekommen. Dem Riesling ist man jedoch bis heute treu geblieben – die trockenen Weine sind geschmacksintensiv und elegant und werden im Laufe der Jahre immer schöner. Der Noble Riesling im Stil einer Beerenauslese riecht ganz zart nach kandiertem Obst und Honig und ist am Gaumen vollmundig mit feinen Bitternoten und ausgeglichenem Süße-Säure-Spiel.

Unsere Riesling-Favoriten
Brown Brothers Rhine Riesling
(C in Deutschland)
Brown Brothers Noble Riesling
(Preis auf Anfrage)

Leeuwin Estate

Stevens Road
Margaret River, WA 6285
Tel. +61 / 8-97 57 62 53
Fax +61 / 8-97 57 63 64
winery@ilnet.net.au
www.leeuwinestate.com.au

Dennis und Tricia Horgan waren eigentlich zum Surfen nach Westaustralien gekommen. Mithilfe des kalifornischen Winzers Robert Mondavi gründeten sie 1974 ein eigenes Weingut, das heute zu den besten Australiens gehört. Leeuwin Estate ist eines der wenigen Weingüter in Margaret River, die trotz des Chardonnay-Booms der letzten Jahre an der Produktion von Spitzenrieslingen festgehalten haben. 26 von 130 Hektar Rebfläche sind mit der edlen Sorte bestockt. Der Gneisgesteinsboden, der nicht bewässert werden muss, und die moderaten Temperaturen bieten perfekte Voraussetzung. Die Weine werden im Tank ausgebaut und vorsichtig gefiltert. In jungen Jahren duften sie nach Orangenschale und Aprikose. Die Säure ist frisch und vordergründig, aber angenehm.

Unser Riesling-Favorit
Art Series Riesling **(B – C)**

Mitchelton Wines

C/- Post Office
Nagambie, VIC 3608
Goulburn Valley
Tel. +61 / 3-57 36 22 22
Fax +61 / 3-57 36 22 66
michelton@mitchelton.com.au
www.mitchelton.com.au

»Im Einklang mit der Natur«, so lautet die oberste Philosophie des Hauses, um die Individualität jeder Rebsorte und jedes Weinbergs zu erhalten und zu unterstreichen. Dies gelingt Winemaker Don Lewis bereits seit Beginn seiner Arbeit 1974. Seine berühmten Blackwood Park Rieslinge, deren Trauben ausschließlich aus dem gleichnamigen Weinberg stammen, zählen zu den besten australischen Rieslingen. 25 Prozent der gesamten Rebfläche sind dieser Sorte gewidmet, und man merkt, dass Don Lewis für sie eine besondere Schwäche hat. Sie sind duftig und aromatisch, füllen den ganzen Mund aus und hinterlassen eine rassige Säure im Abgang.

Unsere Riesling-Favoriten
Mitchelton Blackwood Park Riesling **(B)**
Mitchelton Blackwood Park Botrytis Riesling **(B/0,375 Liter)**
Mitchelton Blackwood Park Late Harvest Riesling **(B)**

und Western Australia

Mount Langi Ghiran Vineyards

Warrar Road
Buangor, VIC 3375
Great Western/The Grampians
Tel. +61 / 3-53 54 32 07
Fax +61 / 3-53 54 32 77
langi@netconnect.com.au

Riesling ist die wichtigste weiße Rebsorte im Weingut von Trevor Mast und Riquet Hess, das für seine Shiraz weltweite Berühmtheit erlangt hat. Der Name des Betriebs stammt aus der Sprache der Aboriginis und bedeutet »Haus des gelbschwänzigen, schwarzen Kakadus«. Auf den Weißweinetiketten wurde er verewigt. Die Kellermeister Trevor Mast und Andrew McLoughney entwickeln aus Rieslingtrauben frische, aromatische Weine. Unterstützt werden sie von der Natur: Die wenig fruchtbaren Böden der Grampians und das milde Klima schaffen beste Wachstumsbedingungen.

Unser Riesling-Favorit
Mount Langi Ghiran Riesling
(Preis auf Anfrage)

Pipers Brook Vineyard

1216 Pipers Brook Road
Pipers Brook, 7254
Tasmanien
Tel. +61 / 8-3 32 44 44
Fax +61 / 8-3 34 91 12
info@pbv.com.au
www.pbv.com.au

40 Prozent aller in Tasmanien produzierten Weine stammen aus dem Weinkeller von Dr. Andrew Pirie.
Er hat sich auf den An- und Ausbau weißer Rebsorten spezialisiert, darunter auch kräftige, langlebige Rieslinge. Die Zweitweine des Hauses werden unter dem Etikett »Ninth Island« vertrieben. Sie sind fast ausschließlich im Stahltank ausgebaut und zum baldigen Genuss gedacht.

Unsere Riesling-Favoriten
Pipers Brook Riesling **(Preis auf Anfrage)**
Ninth Island Riesling **(Preis auf Anfrage)**

Vasse Felix

PO Box 32
Cowaramup, WA 6284
Tel. +61 / 9-7 55 52 42
Fax +61 / 9-7 55 54 25
info@vassefelix.com.au
www.vassefelix.com.au

Dr. Tom Cullity war der erste, der in Margaret River ein kommerziell wirtschaftendes Weingut gegründet hatte. Die ersten Reben wurden 1967 angepflanzt, und Vasse Felix machte sich innerhalb kurzer Zeit für seine herausragenden Weine einen Namen. Die Rebsortenweine finden im allgemeinen einen so reißenden Absatz, das das Weingut regelmäßig ausverkauft ist. Seit 1987 gehört Vasse Felix einer Holdinggesellschaft, die es auf eine beachtliche Unternehmensgröße anwachsen ließ. Riesling-Liebhaber sollten sich den Noble Riesling nicht entgehen lassen, ein edelsüßer Wein, dessen Aroma an getrocknete Aprikosen, Pfirsich und Ananas erinnert. Es ist ein voluminöser Tropfen mit feinem Süße-Säure-Spiel, zarten Bitter- und Holznoten und langem Abgang.

Unser Riesling-Favorit
Vasse Felix Noble Riesling
(C in Deutschland)

Neuseeland – Riesling bei den Kiwis

Bis heute ist Neuseeland ein sehr kleines Weinland geblieben, gerade verglichen mit anderen Ländern der Neuen Welt. Doch die neuseeländischen Winzer sind zuversichtlich, was den Ruf ihrer Produkte angeht, sie setzen auf das Motto: »Klein, aber fein.«

Frei nach der Devise »Abc – anything but Chardonnay« besinnen sich viele Winzer verstärkt auf andere Weißweinsorten. Riesling-Weine der gehobenen Kategorie gewinnen an Boden. Rund 3500 Tonnen Rieslingtrauben werden pro Jahr in Neuseeland verarbeitet, damit steht die Sorte an sechster Stelle hinter den populären Weißen des Landes. Weine aus der europäischen Rieslingtraube heißen hier »Rhine Riesling« oder auch »Johannisberg Riesling«.

Jahrgangstabelle

Jahr	trocken	halbtrocken	edelsüß
2000	hervorragend bis gut	hervorragend bis gut	hervorragend bis gut
1999	hervorragend bis gut	hervorragend bis gut	hervorragend bis gut
1998	hervorragend bis gut	hervorragend bis gut	hervorragend bis gut
1997	gut	gut bis mäßig	gut
1996	hervorragend bis gut	gut	gut

Zur Qualität der Jahrgänge:
- (gelb) = hervorragend bis gut
- (grün) = gut
- (hellblau) = gut bis mäßig

Neuseeländische Weinwirtschaft

Anzahl der Weingüter:	334
bestockte Rebfläche:	9380 Hektar
Traubenproduktion:	9,8 Tonnen pro Hektar und Jahr
Weinproduktion:	61,7 Millionen Liter pro Jahr
Weinexport:	16,6 Millionen Liter pro Jahr

Beste Riesling-Jahrgänge der letzten zehn Jahre

2000, 1999, 1998, 1996, 1994, 1991

Die Jahrgänge im Überblick

2000 Der erste Jahrgang des neuen Jahrtausends überzeugte alle. Die Trauben waren zum Zeitpunkt der Lese in einem hervorragenden Zustand, die Temperaturen während der Nacht kalt, am Tag warm, sodass sehr aromatische Weine entstanden sind. Wermutstropfen in Marlborough und einigen anderen Gebieten auf der Südinsel: Durch starke Regenfälle während der Ernte gab es Mengenverluste von bis zu 50 Prozent.

1999 Das Wetter während der Wachstumsperiode war gut, doch dann behinderten heftige Regenfälle die Lese. Jetzt war das Können der Winzer gefragt: hängen lassen oder ernten, lautete die Frage. Je nach Zeitpunkt der Lese sind die Qualitäten unterschiedlich.

1998 Alles stimmte: super Wetter, super Jahrgang. Die Qualitäten sind durchweg hervorragend.

1997 Zunächst befürchteten die Winzer, ihre Ernte würde verregnen und viele entschieden sich zur frühen Lese. Ein Fehler, wie sich im Nachhinein herausstellte: Nur diejenigen, die ihre Trauben hängen ließen, wurden durch einen wunderbaren Herbst und gute Qualitäten entschädigt.

1996 Einige Highlights bei den trockenen und halbtrockenen Weinen, aber auch einige Enttäuschungen. Die Wetterbedingungen während der Wachstumsphase waren unspektakulär, aber auch nicht besonders herausragend.

1995 Es gab hohe Erträge, obwohl es während der Ernte geregnet hatte. In der Hawkes Bay hatte man klasse Trauben gelesen, in Marlborough wurden die Winzer vom schlechten Wetter gebeutelt.

Die Nordinsel – subtropisch bis warm

Auf der Nordinsel gibt es unterschiedlichste Bodenformationen, die den Charakter der Trauben auf ebenso unterschiedliche Weise beeinflussen. Während in Northland flachgründige Tonböden vorherrschen, findet man in Waikato schwere Lehmböden auf tonhaltigem Untergrund, Schwemmsandböden mit vulkanischen Einschlüssen rund um die Stadt Gisborne und Lehm- und Sandböden vermischt mit Kies- oder Vulkangestein in der Hawkes Bay. Die leichtesten Böden liegen in der Hawkes Bay, speziell im Hinterland von Hastings – für viele Winzer die beste Gegend des gesamten Anbaugebiets, weil die Böden weniger fruchtbar und schwer sind, die Erträge somit auf natürliche Weise begrenzt werden und die Geschmackstiefe steigt.

Gisborne

Die Rebzeilen im östlichsten Teil der Nordinsel erblicken kurz hinter der Datumsgrenze als erste auf der ganzen Welt einen neuen Tag. Sie liegen in einer fruchtbaren Ebene nahe des Pazifiks. Hier wachsen fast ausschließlich Weißweinreben, unter denen Riesling jedoch nur einen kleinen Anteil hat. Lange Zeit litt die Region an der Bay of Poverty unter ihrem Ruf als Massenanbaugebiet – die Schwemmlandböden und die flachen Rebanlagen bieten beste Voraussetzungen für die Produktion hoher Erträge. Mittlerweile kommen von hier auch einige Premiumqualitäten, zu denen lagerfähige Rieslinge gehören.

Die Weinberge in der flachen Küstenzone der Hawkes Bay bekommen auch weit im Landesinnern eine kühle Meeresbrise zu spüren.

Hawkes Bay

Südwestlich von Gisborne erstreckt sich eines der ältesten Anbaugebiete Neuseelands, dessen Tradition bis ins 19. Jahrhundert zurückreicht. Noch heute ist Mission, das älteste Weingut des Landes, in Betrieb. Es wurde 1850 von Ordensleuten gegründet. Zweitältestes Weingut (1880) ist Te Mata Estate, dass nicht nur eines der schönsten Gutshäuser des Landes hat, sondern auch mit die besten Weine produziert.
Hawkes Bay verzeichnet die zweithöchste Sonnenscheindauer des Landes, und das Klima wird vom nahen Meer beeinflusst. Die Reben werden stets mit einer kühlen Brise versorgt und können bis zum optimalen Reifegrad langsam ausreifen. Riesling wächst auf trockenen Kiesböden, die gute Wachstumsbedingungen liefern. Die Weine sind üppig und geprägt von tropischen Fruchtaromen.

Die Reb-Erziehungsmethoden sind in Neuseeland recht vielfältig. Die Winzer experimentieren je nach Rebsorte sowie klimatischen und geologischen Gegebenheiten mit verschiedenen Stützvorrichtungen.

Wairarapa/Martinborough

Die offizielle Bezeichnung des südlichsten Anbaugebiets der Nordinsel lautet Wairarapa – gebräuchlicher ist jedoch Martinborough, da sich die Rebzeilen ausschließlich auf diese Stadt konzentrieren. Riesling gehört unter den weißen Sorten zu den Favoriten der Winzer. Viel Sonne während des Tages und kühle Temperaturen in der Nacht lassen aromatische Weine entstehen. Die Trauben wachsen auf steinigen, trockenen Böden, die niedrige Erträge hervorbringen. Die Rieslinge bestechen durch ihre Geschmackstiefe und ihre Limonen- und Zitronenaromen.

South Western Coastal

Auch South Western Coastal bietet gute Bedingungen für Riesling-Anbau. Der nahe indische Ozean sorgt für ein ausgeglichenes maritimes Klima und die einzigartige Bodenzusammensetzung gibt den Weinen ihren eigenständigen Charakter. Sie lässt die Rieslinge extrem leicht und rein erscheinen.

Spitzengüter in Neuseelands Norden

Babich Wines

Babich Road
Henderson, Waitakere City
Auckland
Tel. +64 / 9-8 33 78 59
Fax +64 / 9-8 33 99 29
info@babichwines.co.nz
www.babichwines.co.nz

Der Erfolg des Familienbetriebs liegt neben den hervorragenden Weinbergslagen in der Konzentration auf modernste Kellertechnologie. Die Trauben stammen aus eigenen Weinbergen in Henderson und Marlborough, aus Rebzeilen in der Hawkes Bay, an denen sie einen Anteil besitzen, oder von Zulieferern aus dem ganzen Land. Die Erträge werden mittlerweile zugunsten der Qualität zurückgeschraubt. Babich Weine besitzen den Ruf höchster Premiumprodukte zu fair kalkulierten Preisen: Der 1999er Riesling kickte bei einer internationalen Verkostung in Sydney die Konkurrenz komplett vom Feld, und das obwohl er erst fünf Monate auf der Flasche war. Ein frischer, aromatischer, perfekt strukturierter Trinkwein, der einige Jahre Lagerung verträgt.

Unsere Riesling-Favoriten
Babich Marlborough Riesling **(B)**
Babich Marlborough Late Harvest Riesling **(B/0,375 Liter)**

Cooper's Creek Vineyard

PO Box 140
Kumeu/Huapai
Tel. +64 / 9-4 12 85 60
Fax +64 / 9-4 12 83 75

Das Herz des Weingenießers erfreuen bei Cooper's Creek in erster Linie die ausdrucksvollen Weißweine, unter ihnen Rieslinge oberster Güte. Neben den Premiumweinen werden jedoch auch einfache, leichte Trinkweine produziert. Qualität steht aber bei allen Produkten an erster Stelle. Dabei haben die Besitzer Andrew und Cynthia Hendry aber nicht ihren Humor verloren: Sie vergeben ihren Weinen so amüsante Namen wie »Fat cat«, die dicke Katze oder »Swamp«, der Sumpf. Die Weinberge liegen sowohl rund um Auckland als auch auf der kühleren Südinsel. Der saftige, halbtrockene Hawkes Bay Riesling von Andrew Hendry zählt in jedem Jahr zu den besten des Anbaugebiets.

Unsere Riesling-Favoriten
Coopers Creek Reserve Riesling **(B)**
Coopers Creek Hawkes Bay Riesling **(B)**

Mission Estate Winery

198 Church Road
PO Box 7043
Taradale
Hawkes Bay
Tel. +64 / 6-8 44 22 59
Fax +64 / 6-8 44 60 23
mission@clear.net.nz

1851 wurde das Weingut von französischen Missionaren gegründet (noch heute in deren Besitz) und ist der älteste noch bewirtschaftete Winzerbetrieb Neuseelands. Drei verschiedene Produktlinien prägen das Angebot: vom einfachen »Mission Estate«, über die »Reserve« bis hin zur Premium-Linie »Jewelstone«. Obwohl die Riesling-Anbaufläche recht gering ist (noch keine fünf Prozent), gehört der Mission Estate Riesling zu den bemerkenswerten neuseeländischen Vertretern seiner Art. Die Reserve hat viel Alkohol (13,5 Vol.-%), ist sehr üppig, aber dennoch frisch. Sie kann gut zehn Jahre lagern.

Unsere Riesling-Favoriten
Mission Estate Riesling **(B)**
Mission Reserve Riesling **(B)**

Preisgruppen: A: unter 10 DM/5 €; **B:** 10–20 DM/5–10 €; **C:** 21–30 DM/10–15 €; **D:** 31–50 DM/15–25 €; **E:** über 50 DM/25 €

Palliser Estate Wines

PO Box 110
Martinborough
Tel. +64 / 6-3 06 90 19
Fax +64 / 6-3 06 99 46
palliser@paliser.co.nz
www.palliser.co.nz

Wenn man die Rieslinge von Palliser Estate probiert, schmeckt man die Sorgfalt, die die beiden Winemaker Allan Johnson und Sharon Goldsworthy bei der Vinifikation dieser Weine an den Tag legen. Stolz können die beiden beispielsweise auf die edelsüße Variante sein, die ausschließlich in den Jahren gekeltert werden kann, in denen die Reben von Edelfäule befallen werden. Sie schmeckt intensiv nach Aprikose und Honig, bei gut eingebundener Säure. Generell legen beide Winzer Wert darauf, dass auch ihre trockenen Rieslinge etwas Restzucker behalten, um die Weine harmonischer werden zu lassen.

Unsere Riesling-Favoriten
Palliser Estate Riesling **(B)**
Palliser Estate Botrytis Riesling **(B/0,375 Liter)**

Villa Maria Estate

5 Kirkbridge Road
Mangere
Auckland
Tel. +64 / 9-2 55 06 60
Fax +64 / 9-2 55 06 61
enquiries@villamaria.co.nz

Das Unternehmen gehört zu den »Großen Drei« des Landes und ist das größte privat geführte Weingut Neuseelands. Inhaber ist seit Gründung, 1961, George Fistonich. Seine Produktpalette reicht vom sauberen, einfachen »Private Bin« bis hin zu den »Reserve«-Weinen, die nur in ausgesprochen guten Jahren gekeltert werden. Die Reben stammen aus den besten Anbaugebieten des Landes. Mittlerweile kann Fistonich eine Vielzahl höchster Auszeichnungen vorweisen. Diverse Male hat der Reserve Noble Riesling Konkurrenten aus dem In- und Ausland auf die Plätze verwiesen. Ein Schnäppchen ist der Private Bin mit seinem exotischen Fruchtbukett. Große Klasse: die Reserve. Apfel und Zitrusnoten tapezieren den Mund, äußerst elegant, perfekte Struktur.

Unsere Riesling-Favoriten
Villa Maria Private Bin Riesling **(B)**
Villa Maria Reserve Riesling **(B)**
Villa Maria Reserve Noble Riesling **(D/0,375 Liter)**

Die Südinsel – wolkig und grün

Bevor Allan Scott 1996 sein Weingut in Blenheim gründete, war er als Chef-Önologe bei verschiedenen Weingütern tätig. Sein Marlborough Riesling ist bereits mehrfach prämiert worden.

Marlborough

Die Böden in Marlborough sind perfekt für den Anbau von Riesling geeignet. Die Reben wachsen vor allem auf steinigem Untergrund in der Nähe des Wairau River. Das wasserdurchlässige Gestein an seinem Ufer reflektiert die Sonnenstrahlen und gibt während der kühlen Herbstnächte die tagsüber gespeicherte Wärme an die Reben ab. Positive Auswirkungen hat auch das Klima mit seinen kräftigen Temperaturschwankungen zwischen Tag und Nacht. Während die Reben tagsüber in der Sonne reifen können, lassen die kalten Nächte die Aromen besonders intensiv hervortreten. Die Rieslinge besitzen ausgesprochen florale Noten, sind aromatisch mit feinen Anklängen an Zitrusfrüchte und geprägt von knackiger Säure.

Nelson

Eines der jüngsten Anbaugebiete befindet sich in unmittelbarer Nachbarschaft zum Abel Tasman National Park, einer eindrucksvollen Küstenregion im Norden der Südinsel. Die für den Süden hohe Niederschlagsmenge und die frischen Winde aus der Tasman Bay lassen vor allem die Rebsorten gedeihen, die es während der Reifephase etwas kühler lieben, so auch Riesling. Im Gegensatz zu den übrigen Anbauregionen der Südinsel sind die Rebzeilen in Nelson jedoch nicht durch Gebirgsketten vor den Herbststürmen geschützt, sodass es zuweilen zu schweren Schäden während der Wachstumsperiode kommen kann. Obwohl Nelson eher den Ruf einer verschlafenen Ecke Neuseelands innehat, kann man das nicht auf den Wein über-

Das typische Bild Marlboroughs: endlos scheinende Rebzeilen vor einer beeindruckenden Bergkulisse.

tragen. Es gibt in diesem Anbaugebiet unzählige engagierte Winzer, die aller Welt zeigen wollen, dass ihre Böden beachtenswerte Tropfen hervorbringen. Die Rieslinge in ihren Weinbergen wachsen in erster Linie auf kieshaltigem Gestein, das für ihre knackige, aromatische Art verantwortlich ist.

Canterbury und Central Otago

Canterbury, das aufstrebende Anbaugebiet im mittleren Osten der Südinsel, teilt sich in zwei Regionen. Rund um die Stadt Christchurch liegen die Rebzeilen in einer kühlen Ebene, und in Waipara, 40 Autominuten von Christchurch entfernt, wird Weinbau an sanften Hügeln betrieben. Die Reben gedeihen auf vulkanischen Löss- und Kreideböden. Bekannt geworden ist Canterbury für seine Spätburgunder und vor allem auch für Riesling. Das kühle Klima kommt der Rebsorte außerordentlich entgegen, und die Winemaker setzen alles daran, ihr Anbaugebiet zur Riesling-Domäne des Landes werden zu lassen. Vom einfachen Tischwein bis hin zur edelsüßen Spezialität haben die Weinerzeuger alles zu bieten – und das gekonnt.

Das südlichste Anbaugebiet der Welt, Central Otago, blieb lange Zeit den experimentierfreudigen Winzern vorbehalten, doch davon gibt es immer mehr. Einfach sind die weinbaulichen Unternehmungen nicht: Die Sonnenscheindauer pro Jahr ist zwar ausreichend, aber die Sommer sind sehr kurz, sodass den Reben nur wenig Zeit zum Reifen bleibt. Dennoch fühlt sich Riesling neben Spätburgunder auf den Böden alpinen Ursprungs wohl und bei perfekter Pflege entstehen lagerfähige Weine.

Central Otago ist mit ziemlicher Wahrscheinlichkeit nicht nur das südlichste, sondern auch das kälteste Anbaugebiet der Welt.

Spitzengüter in Neuseelands Süden

Corbans

Jackson Road RD3
Blenheim
Tel. +64 / 3-5 72 81 98
Fax +64 / 3-5 72 81 99

Corbans, zweitgrößter Weinriese des Landes mit Sitz in der Nähe von Auckland, bietet seinen Kunden Weine jeder Preis- und Qualitätsstufe. Das einstige Familienweingut, das seit Mitte der 1970er-Jahre diversen Aktiengesellschaften gehörte, wurde Anfang des letzten Jahrhunderts gegründet. Die Weine aus der »Private Bin«-Kollektion stehen an 2. Stelle der hauseigenen Qualitätspyramide. Die Rieslinge unter diesem Label zählen zu den besten des Landes. »Top of the top« ist der Amberley Riesling. Die Trauben stammen aus dem kühlen North Canterbury und bringen einen Wein hervor, der durch seine Langlebigkeit und die Zitronenaromen besticht.

Unsere Riesling-Favoriten
Corbans Private Bin Amberley Riesling **(B)**
Corbans Estate Marlborough Riesling **(B)**

Felton Road Wines

PO Box 131
Wanaka
Tel. +64 / 3-4 45 08 85
Fax +64 / 3-4 45 08 81

Das junge Weingut von Stuart Elms in Otago hat sich vor allem für seine Pinot noirs einen Namen gemacht. Doch auch die Rieslinge haben dem Urteil renommierter Kritiker nicht nur standgehalten, sondern diese vollends überzeugt. Kellermeister Blair Walter arbeitet eng mit der Natur zusammen. Er wartet darauf, dass »der Weinberg mit ihm spricht« und zwingt ihm nichts auf. Vor allem der trockene Dry Riesling sticht hervor. Er beeindruckt durch seine ausgeprägte Aromatik und Frische und sein Potenzial.

Unsere Riesling-Favoriten
Felton Road Dry Riesling **(B)**
Felton Road Riesling **(B)**

Forrest Estate Winery

Blicks Road
Renwick, Marlborough
Tel. +64 / 3-5 72 90 84
Fax +64 / 3-5 72 90 86
forrestj@voyager.co.nz
www.forrest.co.nz

John und Brigit Forrest bauen ihren Riesling auf zehn Hektar steinigem Boden an und erzeugen knackige, fruchtige Weine. Sie sind nie knochentrocken, sondern besitzen immer eine leichte Restsüße, die ihnen gut steht. Der Dry Riesling wird seinem Namen also nicht ganz gerecht, eignet sich aber hervorragend als Aperitif-Wein und ist äußerst zugänglich. Der Cellar Release Riesling besticht durch seine intensiven Zitrus- und Honigaromen, ist komplex und frisch und verträgt mindestens drei Jahre Lagerung, bevor man ihn trinken sollte. Für Liebhaber des Edelsüßen als Empfehlung, der im Fass ausgebaute, perfekt balancierte, frische »Botrytised«.

Unsere Riesling-Favoriten
Forrest Dry Riesling **(B)**
Forrest Riesling **(B)**
Forrest Botrytised Riesling **(C)**

Preisgruppen: A: unter 10 DM/5 €; **B:** 10–20 DM/5–10 €; **C:** 21–30 DM/10–15 €; **D:** 31–50 DM/15–25 €; **E:** über 50 DM/25 €

Framingham Wine Company

Conders Bend Road
PO Box 37
Renwick, Marlborough
Tel. +64 / 3-5 72 88 84
Fax +64 / 3-5 72 98 84
framwine@voyager.co.nz
www.framingham.co.nz

Der Riesling-Weinberg von Rex und Paula Brooke-Taylor war einer der ersten, der in Marlborough mit dieser Rebsorte bestockt wurde. Zunächst vinifizierten die beiden das Traubengut im Weingut Dry River, und erzielten 1994 erstmals eine Goldmedaille für einen Riesling. Er wurde in der Grove Mill Winery gekeltert. 1998 entschlossen sie sich schließlich zum Bau eines eigenes Weinguts, unter dessen Label heute Rieslinge erzeugt werden, bei denen jedem Riesling-Fan das Wasser im Munde zusammenläuft. Der Classic, eine halbtrockene Variante, besitzt konzentrierte Aromen tropischer Früchte, ist perfekt balanciert und elegant. Er bleibt ewig auf der Zunge.

Unser Riesling-Favorit
Framingham Dry Riesling **(B – C)**
Framingham Classic Riesling **(B)**

Giesen Wine Estate Canterbury

Burnham School Road, RD 5
Christchurch
Canterbury
Tel. +64 / 3-3 47 67 29
Fax +64 / 3-3 47 64 50

Das größte Weingut Canterburys setzt auf Expansion. Erst 1981 waren die Giesens aus Deutschland eingewandert und haben sich innerhalb kurzer Zeit ein kleines Weinimperium aufgebaut, dass auf die Erzeugung von feinsten Weißweinsorten setzt. Dies beschränkt sich mittlerweile nicht mehr nur auf die Südinsel. Auch in Marlborough, auf der Nordinsel, sind die drei Giesen-Brüder aktiv geworden und werden mit Sicherheit auch hier Erfolge mit ihren Weißen feiern. Ihre frischen und aromatischen trockenen und halbtrockenen Rieslinge und vor allem die Edelsüßen sind äußerst elegant. Der sortentypische Canterbury Riesling zählt in jedem Jahr zu den besten seiner Art im ganzen Anbaugebiet.

Unsere Riesling-Favoriten
Giesen Canterbury Riesling **(B)**
Giesen Riesling Extra Dry **(B)**
Giesen Botrytised Riesling **(B/0,375 Liter)**
Giesen Noble School Road Late Harvest Riesling **(B/0,375 Liter)**

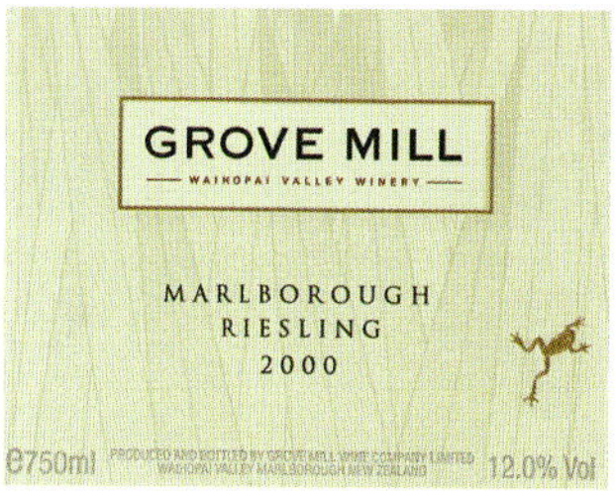

Grove Mill Wine

Waihopai Valley Road
Renwick
Marlborough
Tel. +64 / 3-5 72 82 00
Fax +64 / 3-5 72 82 11
info@grovemill.co.nz
www.grovemill.co.nz

Grove Mill ist ein Weingut mittlerer Größe, das in den letzten 12 Jahren kontinuierlich expandiert hat, ohne die gute Qualität seiner Weine aus den Augen zu verlieren. Im Gegenteil, seit David Pearce das Ruder im Weinkeller in der Hand hält, ist der Ruf der Grove-Mill-Weine noch gestiegen. Das Traubengut wird von Mitgliedsbetrieben geliefert oder stammt von gepachteten und eigenen Weinbergen. Insgesamt werden 115 Hektar Rebfläche bewirtschaftet, 12 davon sind mit Riesling bestockt. Die Rieslinge aus der Reserve-Linie sind ausschließlich in Neuseeland zu bekommen und wahre Raritäten. Sie werden nur in außergewöhnlich guten Jahren produziert.

Unsere Riesling-Favoriten
Grove Mill Marlborough Riesling **(B)**
Winemaker's Reserve Riesling **(B)**
Sanctuary Marlborough Riesling **(B)**

Alle Preiszuordnungen in diesem Buch beziehen sich, wenn nicht anders angegeben, auf den Verkauf ab Gut!

Lawson's Dry Hills Wines

PO Box 4020
Blenheim
Marlborough
Tel. +64 / 3-5 78 76 74
Fax +64 / 3-5 78 76 03
lawsonswines@xtra.co.nz
www.lawsonsdryhills.co.nz

Seit 1995 findet man Ross und Barbara Lawson mit ihrem Weingut in Blenheim. Ihre charaktervollen Weine verdanken sie in erster Linie der engagierten Arbeit von Kellermeister Michael Just, der auf strikte Ertragsbegrenzung achtet und tiefgründige, fruchtige Tropfen keltert. Herausragend ist unter anderem sein regionentypischer Riesling, der von den wasserdurchlässigen Böden Marlboroughs und dem Klima profitiert. Man kann ihn bereits jung trinken, dann stehen seine Pfirsich- und Melonen-Aromen und die knackige Säure im Vordergrund, und man erahnt bereits das Potenzial, das noch in ihm steckt.

Unser Riesling-Favorit
Lawson's Dry Hills Riesling **(B)**

Neudorf Vineyards

Neudorf Road, RD 2
Upper Moutere
Nelson
Tel. +64 / 3-5 43 26 43
Fax +64 / 3-5 43 29 55
wine@neudorf.co.nz
www.neudorf.co.nz

Dass Nelson in Bezug auf Wein nicht unbedingt die Rolle der schüchternen kleinen Schwester von Marlborough zu spielen braucht, beweisen die Weine vom Weingut Neudorf, das rund 40 Autominuten von der Stadtmitte Nelsons entfernt liegt. Es handelt sich dabei um den Primus inter Pares des Anbaugebiets und ist in jedem Fall einen Abstecher wert. Die Rieslinge von hier gehören in guten Jahrgängen zu den besten, die Neuseeland zu bieten hat. Der Late Harvest ist ein perfektes Beispiel dafür, wie ein Riesling »down under« schmecken kann, wenn die Winzer ihr Handwerk verstehen: In der Nase zarte Honignoten, am Gaumen balanciert, mit konzentrierten Zitrusaromen und super Süße-Säure-Spiel.

Unsere Riesling-Favoriten
Neudorf Brightwater Riesling **(B)**
Neudorf Moutere Riesling Late Harvest **(C)**

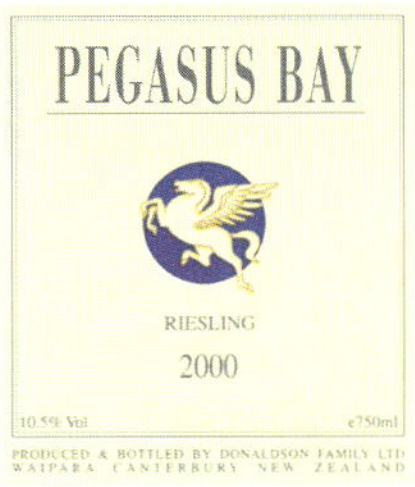

Pegasus Bay Winery & Restaurant

Stockgrove Road, RD 2
Waipara
Amberley, North Canterbury
Tel. +64 / 3-3 14 68 69
Fax +64 / 3-3 14 68 69
info@pegasusbay.com

Pegasus gehört mit seinen 30 Hektar Rebfläche (vier Hektar Riesling) zu den größten Weinerzeugern von Waipara und profitiert laut Inhaber Ivan Donaldson davon, dass sich das Gut im nördlichen Canterbury befindet, die Temperaturen also etwas höher sind, und die Wachstumsphase etwas länger dauert, als in den Weinbergen rund um Christchurch: Er spricht vom »heißesten Weinberg in Waipara«. Philosophie des Betriebs ist es, möglichst wenig in den Entwicklungsprozess des Weins einzugreifen. Der beste Riesling des aktuellen Jahrgangs, eine süße Spätlese, wird unter dem Namen Aria verkauft. Er besteht zu 50 Prozent aus Trauben, die von Edelfäule befallen waren. Der Gutsriesling hat ausgesprochen mineralische Noten, feinste Aromen reifer Früchte und ist halbtrocken.

Unsere Riesling-Favoriten
Pegasus Bay Aria Late Harvest Riesling **(C)**
Pegasus Bay Riesling **(B)**

Preisgruppen: A: unter 10 DM/5 €; **B:** 10–20 DM/5–10 €; **C:** 21–30 DM/10–15 €; **D:** 31–50 DM/15–25 €; **E:** über 50 DM/25 €

Seifried Estate

PO Box 7020
Nelson
Tel. +64 / 3-5 44 55 99
Fax +64 / 3-5 44 55 22
seifried@wines-nelson.co.nz

Wenn man einen Preis vergeben würde für besonders fleißige Winzer, stünde der Österreicher Hermann Seifried mit seiner Frau Agnes ganz oben auf dem Treppchen. Seit über 25 Jahren sind sie im neuseeländischen Weinbusiness tätig, und ihre Weine genießen einen überaus guten Ruf. Ihr Betrieb gehört heute zum größten und beeindruckendsten der gesamten Region und vieles ist Marke Eigenbau – aber auf höchstem Niveau. Neben guten Rotweinen ist das Weingut vor allem für seine Weißen bekannt. Unter den Rieslingen ist der trockene Seifried Winemakers Collection besonders empfehlenswert, ein kraftvoller, ausbalancierter Wein mit intensiven Fruchtaromen.

Unsere Riesling-Favoriten
Seifried Riesling Winemaker Collection **(B)**
Seifried Riesling Dry **(B)**
Seifried Riesling **(B)**
Seifried Riesling Winemaker Collection Ice Wine **(B/0,375 Liter)**

Allan Scott Wines & Estates

Jackson Road, RD 3
Blenheim, Marlborough
Tel. +64 / 3-5 72 90 54
Fax +64 / 3-5 72 90 53
Scott.wines@Xtra.co.nz
www.allanscott.com

Nachdem Allan Scott bereits während seiner Tätigkeit als Chef-Önologe in anderen Weingütern eigene Weine in angemieteten Kellern ausgebaut hatte, gründete er 1996 sein Gut in Blenheim. Die Trauben für seine Rieslinge stammen zu hundert Prozent aus eigenen Lagen rund um das Weingut. Ein Siebtel der gesamten Rebfläche von 70 Hektar hat er ihnen gewidmet und sie auf steinigen Schwemmsandböden angepflanzt. Geerntet wird maschinell. Das Traubengut wird sofort nach der Lese vorsichtig gepresst. Die Gärung erfolgt temperaturkontrolliert in Edelstahltanks und dauert rund 15 Tage. Die Rieslinge sind feinaromatisch, halbtrocken, erinnern an Zitrusfrüchte und besitzen ein gutes Lagerpotenzial.

Unser Riesling-Favorit
Allan Scott Marlborough Riesling **(B)**

Selaks

PO Box 11-268
Sockburn
Christchurch
Tel. +64 / 3-3 41 30 22
Fax +64 / 3-3 41 30 23

Nach drei Generationen im Familienbesitz gehört das Weingut seit 1998 zur Nobilo-Gruppe, der viertgrößten Kellerei des Landes, und hat seinen Stammsitz neuerdings von Kumeu auf der Nordinsel in die Nähe von Christchurch verlegt. Am berühmtesten sind nach wie vor die Premium-Weißweine, die zu den besten des Landes gehören. Die Rieslingtrauben stammen von den steinigen Böden Marlboroughs und spiegeln das Terroir exakt wider: aromatisch mit feinen Anklängen an Zitrusfrüchten und geprägt von knackiger Säure.

Unsere Riesling-Favoriten
Selaks Drylands Dry Riesling **(B)**
Selaks Marlborough Riesling **(B)**
Selaks Founders Reserve Noble Riesling **(B/0,375 Liter)**

Bezugsquellen

Überregionale Anbieter oder Versender sind mit * gekennzeichnet.
Bei Händlern, die sich auf ein bestimmtes Land spezialisiert haben, wird in Klammern darauf hingewiesen, alle anderen haben entweder eine Auswahl von Rieslingen aus verschiedenen Ländern im Angebot oder können Ihnen auf Anfrage den einen oder anderen Wein besorgen, wenn sie das betreffende Weingut im Sortiment haben. Mit ** sind Importeure gekennzeichnet, die nicht an den Endverbraucher verkaufen, aber Bezugsquellen nennen.

952062 Aachen,
Nagel & Hoffbaur
Tel. 02 41 / 47 01 60,
Fax 4 70 16 40

86067 Augsburg,
deuna Handelsgesellschaft**
Tel. 08 21 / 74 77 00

29549 Bad Bevensen,
Heinz Eggert**
Tel. 0 58 21 / 70 22

65520 Bad Camberg-Erbach,
Weindepot Kauffmann
Tel. 0 64 34 / 53 32, Fax 3 73 43

76530 Baden-Baden,
Cape Classic
Tel. 0 72 21 / 39 28 13, Fax 2 23 26

04509 Beerendorf,
Weinhandlung Kleinke
Tel. 03 42 02 / 9 33 99, Fax 9 35 57

59192 Bergkamen,
Das Neuseelandhaus (Neuseeland)
Tel. 0 23 07 / 8 60 75, Fax 8 77 77
www.neuseelandhaus.de

10717 Berlin,
Wein & Glas Compagnie
Tel. 0 30 / 2 35 15 20,
Fax 23 51 52 22
www.weinundglas.com

10965 Berlin,
Rigami Kap Weine (Südafrika)
Tel. 0 30 / 6 94 12 60,
Fax 6 94 12 60

10965 Berlin,
Weinladen Schmidt
Tel. 0 30 / 7 89 07 30,
Fax 7 86 40 26
www.weinladen.com

12309 Berlin,
Kapland Weindepot (Südafrika)
Tel. 0 30 / 7 46 63 67,
Fax 7 46 20 49

54570 Berlingen,
Weine der Neuen Welt* (Südafrika)
Tel. 0 65 91 / 39 29, Fax 51 93
www.petergebler.de

25474 Bönningstedt,
Rindchen's Weinkontor
Tel. 0 40 / 5 56 20 20,
Fax 55 62 02 20
www.rindchen.de

28195 Bremen,
Eggers & Franke**
Tel. 04 21 / 3 05 32 19,
Fax 3 05 31 10
office@egfra.de

28203 Bremen,
Gute Weine Lobenberg
Tel. 04 21 / 70 56 66, Fax 70 56 88
www.gute-weine.de

28217 Bremen,
Ludwig von Kapff*
Tel. 04 21 / 3 99 43 00,
Fax 3 99 43 01
www.kapff.de

28217 Bremen,
Reidemeister & Ulrichs**
Tel. 04 21 / 3 99 40, Fax 3 99 41 74
www.reidemeister-ulrichs.de

28015 Bremen,
Segnitz & Co.*
Tel. 0 42 03 / 8 13 00, Fax 81 30 99

35510 Butzbach,
The California Wine Company* (USA)
Tel. 0 60 33 / 1 66 51, Fax 1 62 29

46539 Dinslaken,
The Wine Company
Tel. 0 20 64 / 9 07 40, Fax 9 04 00

01159 Dresden,
Divino
Tel. 03 51 / 4 21 76 98

40129 Düsseldorf,
Jacques' Weindepot*
Tel. 02 11 / 3 90 02 63,
Fax 3 90 92 68

40211 Düsseldorf,
rotweiss
Tel. 02 11 / 2 38 38 24,
Fax 2 38 38 25
www.rotweiss.de

40233 Düsseldorf,
Wine Island (Übersee)
Tel. 02 11 / 7 30 83 91,
Fax 7 30 84 43
wine.island@otelo-online.de

40545 Düsseldorf,
Impala Weine aus Südafrika (Südafrika)
Tel. 02 11 / 7 10 38 88,
Fax 7 10 38 99

45128 Essen,
Actiengesellschaft Bürgerheim
Tel. 02 01 / 72 00 36,
Fax 7 20 03 70
www.agbwein.de

45133 Essen,
Someeno Weinkontor*
Tel. 02 01 / 42 47 41, Fax 41 27 10
someeno@t-online.de

45219 Essen,
Weinkontor Übersee
Tel. 02 01 / 97 12 95, Fax 97 12 96

45309 Essen,
Weinzeche*
Tel. 02 01 / 55 00 24, Fax 55 00 25
www.weinzeche.de

90768 Fürth,
Cape Vinum GmbH
Tel. 09 11 / 52 39 58,
Fax 52 39 66

82110 Germering,
Viktoria Sagolla (Slowenien)
Tel. 0 89 / 8 41 56 21,
Fax 84 00 56 16
www.slowenien-weine.de

35390 Gießen,
Weinkontor Anita Pfeffermann
Tel. 06 41 / 3 76 60, Fax 3 58 99

65462 Ginsheim,
Müller-Maruhn (Neuseeland)
Tel. 0 61 44 / 3 20 46

14532 Güterfelde,
Wein Compagny*
Tel. 0 33 29 / 6 03 60, Fax 60 36 30
www.wein-compagny.de

20243 Hamburg,
Hawesko*
Tel. 0 41 22 / 50 44 33, Fax 5 10 68
ww.winegate.de

20459 Hamburg,
Vineyard
Tel. 0 40 / 31 77 27 77,
Fax 31 77 27 88
www.vineyard.de

21149 Hamburg,
Weinlust
Tel. 0 40 / 70 38 19 17,
Fax 70 38 19 18
www.weinlust.de

20359 Hamburg,
Weinhandel Anton Viehhauser
Tel. 0 40 / 31 77 74 10

22537 Hamburg,
Weinhaus Röhr
Tel. 0 40 / 86 33 41, Fax 8 66 40 03

30159 Hannover,
Mike's Place (Australien)
Tel. 05 11 / 32 99 99, Fax 41 41 98

45699 Herten,
Weinkontor Herten
Tel. 0 23 66 / 3 70 20, Fax 8 74 40
www.wein-spektrum.de

65329 Hochheim,
Graeger's Laden
Tel. 0 61 46 / 83 50 85,
Fax 83 50 86

65719 Hofheim,
DC**
Tel. 0 61 92 / 2 09 70, Fax 20 97 30
www.dcwein.de

55218 Ingelheim,
Kloos & Kloos
Tel. 0 61 32 / 43 18 28,
Fax 0 61 32 / 43 13 26

34134 Kassel,
Martin Apell* (Australien,
Neuseeland, USA)
Tel. 05 61 / 3 16 07 17,
Fax 3 16 07 18
www.apell.de

77677 Kehl,
France Vinicole
Tel. 0 78 51 / 7 40 10, Fax 74 01 11

24105 Kiel,
Martins Weindepot
Tel. 04 31 / 8 57 76, Fax 8 57 60

51069 Köln,
Dellbrücker Weinhaus Lorenz
Tel. 02 21 / 68 44 66, Fax 68 44 66

50667 Köln,
Fegers & Unterberg & Berts*
Tel. 02 21 / 9 69 35 90,
Fax 96 93 59 25
www.fub-weine.de

51149 Köln,
Les Amis du Vin*
Tel. 0 22 03 / 93 50 40,
Fax 9 35 04 31
www.lesamisduvin.de

51373 Leverkusen,
Bayer Weinkeller
Tel. 02 14 / 8 31 13 06,
Fax 8 31 12 70

39112 Magdeburg,
Reblaus Weinkontor
Tel. 03 91 / 6 23 93 33,
Fax 6 23 93 34
www.reblaus-weinkontor.de

55124 Mainz,
Best of South African Vin
Tel. 0 61 31 / 4 74 33,
Fax 0 61 31 / 47 43 32

68161 Mannheim,
Südlandhaus
Tel. 06 21 / 2 43 02, Fax 2 27 72

35039 Marburg,
Weinrebe*
Tel. 0 64 21 / 48 51 54,
Fax 48 51 55

53340 Meckenheim,
Schlumberger**
Tel. 0 22 25 / 92 50, Fax 92 51 51
www.schlumberger-onwine.de

88709 Meersburg,
Weinhandlung Georg Hack
Tel. 0 75 32 / 90 97, Fax 90 99
www.georg-hack.de

41063 Mönchengladbach,
N & M Weine*
Tel. 0 21 61 / 20 49 40, Fax 2 02 91
www.N-und-M-Weine.de

63165 Mühlheim / Main,
Australian Wine Selection* (Australien)
Tel. 0 61 08 / 7 31 17, Fax 7 31 17
www.autralian-wines.de

80335 München,
Geisel's Vinothek (Österreich)
Tel. 0 89 / 55 13 71 40,
Fax 55 13 61 73
excelsior-muenchen@t-online.de

80801 München,
Thomas Späth (Österreich)
Tel. 0 89 / 34 47 61

80997 München,
California Wines Margot Schmitt (USA)
Tel. 0 89 / 1 49 31 29,
Fax 1 41 88 05
www.californiawines.de

81675 München,
Feinkost Käfer
Tel. 0 89 / 4 16 81, Fax 4 16 86 22
www.feinkost-kaefer.de

55424 Münster,
Weinhandlung Carl Adelseck
Tel. 0 67 21 / 9 74 40, Fax 97 44 22

67434 Neustadt / Weinstraße,
Weinagentur Lutz W. Zeter
Tel. 0 63 21 / 3 95 60,
Fax 0 63 21 / 39 56 56

65527 Niedernhausen,
Weinimport Anita Michel*
Tel. 0 61 27 / 27 60, Fax 55 03

90411 Nürnberg,
Kössler & Ulbricht
Tel. 09 11 / 52 51 53,
Fax 5 29 88 74

90489 Nürnberg,
Wine Store
Tel. 09 11 / 53 36 77, Fax 53 36 78
www.winestore.de

63785 Obernburg am Main,
Stellenbosch Wines Direct* (Südafrika)
Tel. 0 60 22 / 70 38, Fax 70 37

73277 Owen/Teck,
Mack & Schühle
Tel. 0 70 21 / 5 70 10, Fax 5 16 92

83209 Prien,
Afrika-Import (Südafrika)
Tel. 0 80 51 / 6 90 30, Fax 6 21 01
www.africa-cape-wine.com

40882 Ratingen,
The Australian Wine Company
Tel. 0 21 02 / 70 86 51

25462 Rellingen,
Hela*
Tel. 0 41 01 / 4 41 11, Fax 4 42 07

72770 Reutlingen,
Weinhaus Schall
Tel. 0 71 21 / 9 50 70, Fax 95 07 20

65385 Rüdesheim,
G & M Grosvenor Winebrokers
(Australien)*
Tel. 0 67 22 / 26 05, Fax 21 03

66130 Saarbrücken,
Kurt Burgard
Tel. 06 81 / 88 00 10,
Fax 8 80 01 23

73084 Salach,
Der Gallier*
Tel. 0 71 62 / 40 03 13,
Fax 40 03 23
www.der.gallier.de

69198 Schriesheim,
South African Wines (Südafrika)
Tel. 0 62 03 / 69 20 70,
Fax 69 20 73

71063 Sindelfingen,
Oechsle's Weinhandel
Tel. 0 70 31 / 80 63 06,
Fax 80 63 06

52222 Stolberg,
Champa Vins Français*
Tel. 0 24 02 / 9 59 90, Fax 8 41 49
www.champa-vins.com

70597 Stuttgart,
Weinhandlung Bernd Kreis
Tel. 07 11 / 76 28 39, Fax 76 28 37

83684 Tegernsee,
Alexander Baron von Essen
Tel. 0 80 22 / 6 57 66, Fax 6 57 49

54290 Trier,
Bernard-Massard*
Tel. 06 51 / 7 19 60, Fax 7 19 62 90

72074 Tübingen,
Les Grands Vins
Tel. 0 70 71 / 98 07 03,
Fax 98 07 05

22087 Uhlenhorst,
Uhlenhorster Weinhandlung
Tel. 0 40 / 22 10 06, Fax 22 51 38

83626 Valley,
Kap der Guten Weine* (Südafrika)
Tel. 0 80 24 / 9 33 66, Fax 4 85 22

66333 Völklingen,
VIF Weinhandel*
Tel. 0 68 98 / 2 70 70, Fax 2 70 72
www.vif.de

94062 Waldkirchen,
Paulson Weinraritäten*
Tel. 0 85 81 / 91 01 45,
Fax 91 01 47
www.rare-wine.com

79576 Weil am Rhein,
Schuler-Weine*
Tel. 08 00 / 8 84 47 74,
Fax 00 41 / 4 18 19 32 12
www.winestar.com

49757 Werlte,
Walter Deitermann
Tel. 0 59 51 / 8 40, Fax 7 65
www.walter-deitermann.de

28844 Weyhe,
Bremer Weinkolleg
Tel. 0 42 03 / 8 13 00

65187 Wiesbaden,
Australia Wine Wiz (Australien)
Tel. 06 11 / 8 11 06 98,
Fax 80 95 04

42103 Wuppertal,
Weingalerie Vineritas* (Südafrika)
Tel. 02 02 / 2 62 15 14,
Fax 2 62 15 16

Allgemeine Adressen

Australien

Australian Wine Bureau
Grüneburgweg 58–62
60322 Frankfurt am Main
Tel. 0 69 / 90 55 84 00,
Fax 90 55 84 09

Wine Export Council
555 The Parade
Magill SA 5072, Australia
Tel. +61 / 8-83 64 13 88,
Fax +61 / 8-83 64 22 90

Deutschland

Verband Deutscher Prädikats- und Qualitätsweingüter e.V. (VDP)
Geschäftsstelle
Gebr.-Baruch-Straße 46
55543 Bad Kreuznach
Tel. 06 71 / 8 95 92 50,
Fax 8 95 92 51
www.vdp.de

Elsass

Sopexa
Elsässer Weinverband
Büro Deutschland
Sternstraße 58
40479 Düsseldorf
Tel. 02 11 / 49 80 80,
Fax 4 98 08 21

Kalifornien

Wine Institute of California – European Office
Prins-Bernhardlaan 10
Postfach 208
NL-2400 AE Alphen aan den Rijn
Tel. +31 / 1 72-47 15 71,
Fax +31 / 1 72-47 55 45
www.wineinstitute.org

Napa Valley Vintners Asscociation
P. O. Box 141
USA-94571 Santa Helena, CA
Tel. +1 / 7 07-9 63 33 88,
Fax +1 / 7 07-9 63 34 88
mwaters@aol.com

Neuseeland

Wine Institute of New Zealand
GB-SW1Y4T London
Tel. +44 / 0 20 79 73 80 79,
Fax +44 / 0 20 79 73 01 04
www.nzwine.com

New Zealand Tourism Board
Rossmarkt 11
60311 Frankfurt am Main
Tel. 0 69 / 9 71 21 10

Österreich

Österreichische Weinmarketing GmbH
Prinz-Eugen-Straße 34
A-1040 Wien
Tel. +43 / 1-5 03 92 67,
Fax 1-5 03 92 68
Servicenummern für Deutschland
Tel. 0 69 / 24 27 82 94,
Fax 0 69 / 24 27 82 96
www.austrian.wine.co.at/wine

Register

Im FALKEN Verlag sind zahlreiche Titel zum Thema *Wein* erschienen.
Bitte fragen Sie überall dort, wo es Bücher gibt.

Sie finden uns im Internet: **www.falken.de**

Dieses Buch wurde auf chlorfrei gebleichtem
und säurefreiem Papier gedruckt.

Der Text des Buches entspricht den Regeln
der neuen deutschen Rechtschreibung.

ISBN 3 8068 7596 0

Umschlaggestaltung: Ralf Egenolf, Wiesbaden
Projektleitung: Regine Gamm
Redaktion: Sabine Rumrich, Nieder-Olm
Layout: Ralf Egenolf, Wiesbaden; juhu media, Susanne Dölz, Bad Vilbel
Herstellung: juhu media, Susanne Dölz, Bad Vilbel; Tatjana Spira
Fotos: Faber & Partner, Düsseldorf: 1, 2, 3, 4, 5, 8, 9, 10, 11, 13, 14, 15, 16, 18, 19, 24, 25, 26, 27, 28, 29, 30, 31, 37, 38, 39, 46, 47, 52, 53, 60, 64, 65, 68, 69, 74, 79, 87, 88, 95, 97, 102, 103, 113, 116, 117, 128, 129, 132
Forschungsanstalt Geisenheim: 22, 23
Hendrik Holler/ROOT STOCK, Ludwigsburg: 6, 21, 82, 83, 107, 108, 115, 122, 123, 133
STOCK FOOD, München: 4, 7
Karten: Ilse Stockmann-Sauer, AS-Design, Offenbach

Satz: juhu media, Susanne Dölz, Bad Vilbel
Reproduktion: Lithotronic, Frankfurt
Druck: EuroGrafica S. p. A., Marano Vicenza
Printed in Italy
817 2635 4453 6271